Jack van Minden, Jahrgang 1947, studierte in Amsterdam Soziale und Klinische Psychologie. Er leitet die Firma »Psychom« in Amstelveen und Antwerpen, wo er Test-Trainingskurse zur Vorbereitung von Bewerbungen und psychologischen Tests anbietet, in denen sich Manager und Mitarbeiter großer Firmen beraten lassen können.

Von Jack van Minden ist außerdem erschienen:
Psychologische Eignungstests (Band 7941)

Dieses Buch wurde auf chlor- und säurefreiem Papier gedruckt.

Vollständige Taschenbuchausgabe Februar 1994
Droemersche Verlagsanstalt Th. Knaur Nachf., München
Alle deutschen Rechte vorbehalten
© 1992 für die deutschsprachige Ausgabe
Orell Füssli Verlag, Zürich
Aus dem Niederländischen von Lisa Franzke
Titel der Originalausgabe »Alles over Management Tests«
© 1988, 1990 Jack J. R. van Minden
Veen, uitgevers – Utrecht/Antwerpen
Dieses Buch ist bei Orell Füssli unter dem Titel
»Manager-Tests. Information – Vorbereitung – Erfolg«
erschienen.
Umschlaggestaltung Agentur ZERO, München
Umschlagfoto The Image Bank/Steve Niedorf, München
Druck und Bindung Elsnerdruck, Berlin
Printed in Germany
ISBN 3-426-83004-3

2 4 5 3 1

Jack van Minden

Eignungstests für Führungskräfte

Information – Vorbereitung – Erfolg

Kapitel 1:
Einführung

Welche Bewerber werden in unserer Gesellschaft am häufigsten getestet? Die Manager!

Das Testen zukünftiger Mitarbeiter ist für den Arbeitgeber oft mit größeren Unkosten verbunden: aus diesem Grund wird auch nicht wahllos Geld investiert in jeden x-beliebigen Bewerber. Im großen und ganzen haben wir festgestellt, daß sowohl Bewerber für niedrige Positionen wie auch für Top-Positionen sehr selten einem Testverfahren unterzogen werden, wobei es in letzterem Fall ganz vernünftig wäre, sich hin und wieder von einem neutralen Fachmann beraten zu lassen.

Zum Testobjekt eignet sich die Kategorie der Manager hervorragend; gleichzeitig aber ist diese Gruppe auch die am schwierigsten zu testende. Zum einen sind die Aufgaben eines Managers sehr breit gefächert und schwer zu definieren, zum anderen gibt es für Manager, was dadurch logisch erscheint, sehr wenige Spezialtests, an denen Qualität wir übrigens einiges auszusetzen haben!

Mit diesem Buch möchten wir zukünftigen Managern Informationen anbieten über Tests, denen sie sich möglicherweise bei einem Unternehmensberater unterziehen müssen; wir sprechen hier der Einfachheit halber über Managementtests, das heißt einerseits Tests, die speziell dazu geschaffen wurden, die Führungsqualitäten des Bewerbers einigermaßen objektiv festzustellen – andererseits aber auch Tests, die nur zu diesem Zweck verwendet werden. Außerdem werden in diesem Buch eine Menge Tests besprochen, mit denen sich der zukünftige Manager eventuell später auseinandersetzen muß; wir denken dabei an Tests für kommerzielle Zwecke, Tests für Unternehmer und weitere Methoden – nicht Tests im klassischen Sinne des Wortes, sondern Techniken, durch die die Fähigkeiten des zukünftigen Managers festgestellt werden können. Das Assessment-Center ist ein Beispiel hierfür.

Was sind Managementtests?

In der Lehre der psychologischen Tests sind Managementtests eigentlich kaum bekannt, das heißt nicht offiziell, obwohl es durchaus Tests gibt, um Führungsqualitäten oder Managementstil zu bestimmen. Wir ziehen es vor, sämtliche Tests, die dazu dienen, die Führungsqualitäten eines Bewerbers zu definieren, Managementtests zu nennen. Hierbei handelt es sich um eine breit gefächerte Gruppe von Tests, die sich zusammensetzt aus vielen meßtechnischen und wissenschaftlichen Ideen und Ansichten. Was es an Tests alles gibt, und wie sie aufgeschlüsselt werden, wird im zweiten Kapitel beschrieben.

Wie wird ein Manager getestet?

Wenn wir über die Auswahl von Managern sprechen, so können wir dabei von vier ziemlich verschiedenen Ansichten ausgehen.

Die erste Möglichkeit besteht darin, daß der Auftraggeber, zum Beispiel eine Firma, den Unternehmensberater beauftragt, aus einer möglichst großen Anzahl von in Frage kommenden Bewerbern den besten Mann oder die Top-Frau auszusuchen. Wir werden in einem späteren Kapitel auf die Problematik, die hierbei für den Arbeitgeber entstehen kann, zurückkommen.

Die zweite Möglichkeit ist die Anwendung eines psychologischen Tests durch einen Personalberater. Laut Auftrag des Arbeitgebers wird meistens eine ausgesuchte Anzahl von Bewerbern getestet, worauf eine Bewertung mit Empfehlung an den Arbeitgeber geht. Mit diesem Buch werden wir Ihnen zeigen, wie Unternehmensberater normalerweise bei der Auswahl von Managern vorgehen.

Eine dritte Möglichkeit finden wir durch den «headhunter», der vom Arbeitgeber beauftragt worden ist, die Kandidaten anzuwerben und auszusuchen. Das Aufgabengebiet eines «headhunters» ist vielfältiger und befaßt sich nicht nur mit der Auswahl der Bewerber, wie das oft bei psychologischen Tests der Fall ist. Es gibt auch Unternehmensberater, die sich mit der Anwerbung von Kandidaten ihre Brötchen verdienen; wie dieses vonstatten geht, werden wir an späterer Stelle kurz erklären.

Die letzte Möglichkeit: Der Manager bewirbt sich selbst! Auf welche Art und Weise wird er sich einem Test unterziehen müssen? Was wird er an Kenntnissen und Informationen über das Auswahlverfahren brauchen? Welche Ängste hat er, und wo liegt seine Unsicherheit? Was kann er tun, um den Tag seiner Prüfungen so gut wie möglich zu überstehen und die heißbegehrte Empfehlung des Unternehmensberaters zu bekommen? Dieses Buch wurde geschrieben aus der Sicht des zukünftigen Managers, der sich selbst bewirbt.

Managementtests sind schwache Tests

Es steht schlecht um die Qualität der Managementtests: die Forschung befaßt sich kaum damit, was nicht gut ist, und der Unternehmensberater behält seine Kenntnisse oft für sich, was nicht nur schlechter wissenschaftlicher Stil ist, sondern ganz allgemein für die Weiterentwicklung von Tests nicht förderlich ist. Es gibt nicht einen einzigen Managertest, der angemessenen Qualitätsansprüchen genügt. Wir kommen hierauf noch ausführlich zurück (siehe Kapitel 2).

Natürlich ist den testenden Psychologen der geringe Wert ihrer Managertests bekannt; ihre Arbeit besteht eher aus Erfahrung als aus wissenschaftlichem Know-how und eher aus Kunst denn aus Sachkenntnis. Deshalb ist es auch kein Zufall, daß bei der Auswahl eines Managers das persönliche Gespräch mit dem testenden Psychologen eine so große Rolle spielt. Sie müssen sich deshalb darüber im klaren sein, daß es am Prüfungstag keine unverbindlichen Plaudereien mit dem Psychologen gibt, denn das Gespräch ist der Test, und oft werden die ausschlaggebenden Schlußfolgerungen vom Resultat eben dieses Gespräches abhängig gemacht. Nehmen Sie also einen solchen «Schwatz» nicht auf die leichte Schulter!

Der psychologische Test als Standardvorgang

Bei größeren Unternehmen ist die Auswahl durch den psychologischen Test selbstverständlich – früher nannte man das psychotechnische Untersuchung. Wie gut Sie auch sein mögen – Vorschriften sind Vorschriften: Sie werden sowohl von Ärzten wie von Psychologen nach allen Regeln der Kunst getestet. Das Unternehmen will keinerlei Risiko eingehen, und aus diesem Grunde werden Sie sozusagen auf Herz und Nieren geprüft, und glauben Sie uns: es wird intensiv getestet!

Die Prüfung durch den Psychologen findet in 95 Prozent aller Fälle außerhalb des Unternehmens statt, das heißt also bei einem Unternehmensberater oder einer ähnlichen Institution. Es kann vorkommen, daß Sie aus einer Reihe von Bewerbern als letzter getestet werden sollen. Trotzdem sollten Sie in einem solchen Fall den Termin beim Unternehmensberater nicht absagen. Hier möchten wir Ihnen empfehlen, von einem schriftlichen Test ganz abzusehen und dieses bei der ersten sich bietenden Gelegenheit klarzustellen: Die Prüfung bedeutet für Sie ein gewisses Risiko, und weshalb sollten Sie nicht versuchen, dieses zu vermeiden ...

Was heißt Management?

Eigentlich haben wir uns hier vor einer konkreten Aussage etwas gedrückt; wohl haben wir schon erklärt, was Managementtests erfassen sollen, aber die Frage steht trotzdem im Raum: Was ist ein Manager, und woraus bestehen eigentlich seine Aufgaben?

Nun sind über Management viele ausführliche Bücher geschrieben worden mit mehr oder weniger stichhaltigen Definitionen. Wir wollen es auf einen einfachen Nenner bringen: Ein Manager ist eine Person, die in der Lage ist, ihm unterstehende Angestellte zu führen. Es kann sich hierbei um den Präsidenten eines Unternehmens handeln mit 10 000 Angestellten, um den Direktor einer Stiftung mit fünf Arbeitnehmern, um einen Abteilungsleiter oder um den Niederlassungsleiter des örtlichen Fiat-Händlers. Folgendes ist wichtig: Ein Manager muß eine oder mehrere Personen führen können, die in der Rangordnung unter ihm stehen. Es gibt natürlich viele Möglichkeiten, dieses zu tun: manche sind wirksam, andere kaum.

Wir machen in diesem Buch keine Unterschiede zwischen den Begriffen Manager und Führungskraft und ebenso wenig einen sprachlichen Unterschied zwischen non-profit und öffentlichen Institutionen einerseits und Handels- oder Produktionsbetrieben andererseits. Die Fachliteratur über Manager unterscheidet zwischen Manager und Führungskraft: wir tun dieses hier nicht!

Die alten Ägypter haben uns ihre Pyramiden hinterlassen: phantastische Beispiele von Architektur und Logistik (versuchen Sie einmal, täglich drei Mahlzeiten für 10 000 Arbeitnehmer zu planen!). Nach allem, was uns heute bekannt ist, hatten aber die damaligen Bauleiter und Führungskräfte vorher kein Managertraining absolviert: Eine Peitsche genügte meist, um die «Mitarbeiter» zu motivieren, und sie sorgte dafür, daß die Aufträge prompt ausgeführt wurden. Diese ägyptischen Manager waren nicht sehr daran interessiert, Menschen zu «managen»: es war auch gar nicht nötig ...

Heutzutage sieht die Sache etwas anders aus: ein Manager muß viele Qualitäten und Kenntnisse besitzen, die es ihm ermöglichen, in der richtigen Art und Weise mit Menschen umzugehen. So muß er sie zum Beispiel täglich erneut motivieren können, um die gewünschten Resultate zu erzielen (er muß sie reizen, damit sie Qualität produzieren, exakte Arbeit liefern usw.); wir möchten es noch deutlicher ausdrücken: ein Manager, der nicht mit Menschen umgehen kann, sei er nun Pilot, Kardiologe, Buchhalter, Mechaniker oder Optiker, kann keine leitende Position bekleiden. Damit steht er dann natürlich vor einem großen Problem ...

Voraussetzung für jede Führungskraft ist, wie der Amerikaner sagt, «people skills».

Sollte jemand Schwierigkeiten haben mit Führungsqualitäten, so sind diese durchaus zu beheben: Es gibt dafür viele Kurse und Trainingsprogramme.

Wir kommen zurück auf den Managementtest. Wenn wir die Eigenschaften eines zukünftigen Managers definieren wollen, zum Beispiel durch ein Auswahlverfahren, so müssen wir zuerst wissen, welche Qualitäten verlangt werden, denn Management oder Personalführung ist kein eindeutiger Begriff. Es ist denn auch nicht richtig zu behaupten, daß A ein ausgezeichneter Manager ist und B nicht. Jeder hat ein anderes Profil, und man kann nicht erwarten, daß jeder Manager über sämtliche Managerqualitäten verfügt.

Verschiedene Managerqualitäten

Wir wollen uns nun mit den verschiedenen speziellen Qualitäten eines Managers beschäftigen. Es handelt sich dabei um ziemlich allgemeine Eigenschaften, die eine Führungskraft besitzen oder erlernen muß, um eine Abteilung oder eine Gruppe leiten zu können. In der Fachliteratur spricht man auch über «interaktive Qualitäten», das heißt, der Manager interagiert = er geht mit Menschen um, indem er sie beeinflußt. Wir wollen hier nicht auf besondere fachbezogene Arten von Management eingehen, wie zum Beispiel Marketing, Finanzmanagement, Personalmanagement usw.

Wir haben eine Liste der Fähigkeiten zusammengestellt, über die Sie in größerem oder geringerem Maße verfügen sollten, um «Menschen managen zu können». Es wird Ihnen sicherlich klar sein, daß Sie nicht über alle Qualitäten gleichermaßen verfügen müssen, denn es wird immer davon abhängen, um was für ein Unternehmen es sich handelt, in dem Sie arbeiten möchten, wie groß es ist, wie Ihre Abteilung sich zusammensetzt und wie weit Ihre Kompetenzen reichen.

Die wesentlichen Managerqualitäten

1. das Motivieren von Mitarbeitern
2. das Delegieren von Verantwortung, Arbeit und Projekten
3. regelmäßiges Führen von Beurteilungs- und Qualifizierungsgesprächen
4. über Gehaltsforderungen verhandeln
5. ein Ohr haben für die Beschwerden der Mitarbeiter
6. eventuelle Widerstände gegen Neuerungen abbauen
7. Einstellungsgespräche führen mit Bewerbern, und Aufstiegsmöglichkeiten mit den eigenen Mitarbeitern erörtern
8. nicht-angepaßtes Verhalten der Mitarbeiter korrigieren
9. Probleme zwischen den Angestellten lösen
10. Ziele setzen und Arbeitsqualität definieren
11. neue Mitarbeiter einführen und einarbeiten
12. Mitarbeiter unterstützen und anleiten
13. mit den Mitarbeitern ihre weitere Laufbahn besprechen

14. die Aufgaben und Arbeitsgebiete prüfen
15. Arbeitsmethoden verbessern
16. verhandeln, verhandeln, verhandeln
17. Vorschläge unterbreiten mit neuen Plänen, Ideen und Zielen
18. Mitarbeiter anleiten und begleiten
19. täglich erneut die Mitarbeiter motivieren
20. Konferenzen abhalten
    und noch vieles mehr.

Abgesehen von diesen Qualifikationen sollte der Manager über gewisse Kommunikationsfähigkeiten verfügen, zum Beispiel

– er muß gut zuhören können, was übrigens vielen Managern schwerfällt,
– er sollte ein guter Beobachter sein,
– er sollte fähig sein, das Verhalten seiner Mitarbeiter zu bewerten, sich in ihre Lage zu versetzen und eine schriftliche Beurteilung abzugeben.

Auch diese Aufstellung könnte man ergänzen.
Schließlich wollen wir noch die konzeptionellen Qualitäten erwähnen. Dieser Ausdruck ist allerdings vage: Er bedeutet lediglich, daß von einem Manager erwartet wird, daß er die «großen Zusammenhänge» erfaßt und die Relation seines Bereiches zur «Außenwelt» richtig einschätzt.

TIPS

Versuchen Sie immer zu erfahren, welche Managerqualitäten für Ihre neue Stelle und Arbeit wesentlich sind. Am besten erkundigen Sie sich danach während Ihrer Gespräche mit Ihrem zukünftigen Arbeitgeber; dabei können Sie auf die bereits erwähnte Zusammenfassung zurückgreifen.
Von einem Manager wird erwartet, daß er laufend über alles orientiert ist, was sich sowohl in seiner Abteilung als auch auf höherer Ebene abspielt. Beim persönlichen Gespräch mit dem Psychologen müssen Sie versuchen, ihm klarzumachen, daß Sie ständig ein offenes Auge haben für alles, was sich um Sie herum abspielt, sei es in nächster Nähe oder im weiteren Umkreis.

Managementstil

Jede Führungskraft muß neben diversen Fähigkeiten und einem angemessenen «Know-how» auch ein gewisses Auftreten haben sowie eine bestimmte Art, Dinge zu handhaben. Das nennt man Managementstil.

Man kann nicht behaupten, daß nur der ein Stil gut ist und der andere nicht; so wird – je nach Unternehmen – entweder ein straffer, autoritärer Stil oder aber eine sanfte, demokratische Methode gut, wenn nicht sogar notwendig sein.

Es gibt verschiedene Techniken (wir sprechen hier lieber nicht von Tests), mit denen man durch Fragebogen Ihren Managementstil herauszufinden versucht. Den Managementstil eines Menschen zu ermitteln ist eines der wesentlichen Ziele beim Managementtraining. Das Resultat ist meistens frappierend, das heißt, es wird Ihnen bedeutet, daß Sie mit Ihren Mitarbeitern anders umgehen sollten. Im großen und ganzen läuft es darauf hinaus – Sie werden es bereits erraten haben –, daß sich Ihr Führungsstil mit dem Anspruch Ihres zukünftigen Arbeitgebers decken muß. So wird ein straffgeführter Produktionsbetrieb einen autoritären Führungsstil verlangen, während man sich in einem «Krisenbetrieb» nach einem «Turn-around»-Manager umsehen wird, einem, der in der Lage ist, Ordnung zu schaffen, das Ruder drastisch herumzuwerfen, und zum Beispiel eine Firma aus den roten Zahlen holen kann.

Sollten Sie sich nun bei einem eher schwächlich strukturierten Unternehmen um eine leitende Position beworben haben, so wird Ihr straffer Managementstil nicht gefragt sein, es sei denn, daß gerade zufällig jemand gesucht wird, der kräftig durchgreifen kann, um die Dinge wieder ins Lot zu bringen. Sie ersehen daraus, wie wichtig es ist, als erstes zu klären, was Ihr zukünftiger Arbeitgeber genau von Ihnen verlangt. Je genauer Sie sich vorher informieren, desto besser ist es für Sie.

Wir werden uns übrigens in diesem Buch nicht sehr ausführlich mit Managerqualitäten, Managementstil usw. befassen. Es geht um die Techniken oder Tests, die angewandt werden, um festzustellen, wie Sie als zukünftiger Manager mit Ihren Mitarbeitern umgehen werden. Sollten Sie Interesse an näheren Informationen über Führungstechniken haben, dann dürfen wir auf die unzähligen Bücher verweisen, die bereits über dieses Thema veröffentlicht wurden.

Fragen von verunsicherten Managern

Für viele Manager ist das psychologische Testverfahren eine große Hürde. Ob sie sich nun ausschließlich einem psychologischen Test unterziehen, einen Managementtest machen müssen oder sich an einem Assessment-Center beteiligen sollen, die Unsicherheit wird damit nicht geringer.

Woher kommen nun diese Ängste, und woher stammt die Unsicherheit? Wir möchten dazu folgendes sagen:

1. Vielleicht sind Sie vorher noch nie getestet worden und haben nur gerüchteweise gehört, was dabei alles passieren kann.
2. Möglicherweise wurden Sie früher schon einmal getestet und abgewiesen. Für viele Menschen bedeutet dies eine schmerzliche Erfahrung, die sie so leicht nicht vergessen können.
3. Das Testverfahren ist die letzte Hürde, die genommen werden muß, bevor man Ihnen sagt, ob Sie die neue Stelle bekommen. Vom Bericht des testenden Psychologen hängt sehr viel ab, und dadurch entsteht die Angst.

Während der vergangenen Jahre haben wir uns eine Reihe von Fragen von Managern, die kurz vor dem Test standen, notiert, und einige davon möchten wir Ihnen hier wiedergeben. Vielleicht werden Sie sich darin wiedererkennen?

Ein 45jähriger Direktor, der seine Stellung durch die Fusion seiner Firma verlor: «Wie soll ein Psychologe anhand eines einfachen Tests etwas über meine Fähigkeiten und Erfahrungen als Direktor feststellen können? Während meiner Laufbahn habe ich selber einigen Bewerbern auf den Zahn fühlen müssen, und es war so einfach, die von mir ausgesuchten Kandidaten anschließend an einen Unternehmensberater zu verweisen. Ich wußte nichts über den weiteren Ablauf der Dinge, und unser Personalchef konnte mir auch nicht viel dazu sagen ... Nun soll ich mich also selber ›auf die Schlachtbank legen‹, und ich habe nicht die geringste Ahnung, was dort von mir erwartet und verlangt wird.»

Ein Akademiker, der gerade sein Studium beendet hatte und sich bei einem internationalen Konzern um eine betriebsinterne Ausbildung als Manager bewerben wollte, kam mit folgender Frage: «Wie soll jemand feststellen können, ob ich über Führungsqualitäten verfüge, wenn diese noch nie von mir verlangt wurden?»

Der kaufmännische Direktor einer Textilfabrik: «Mein Chef hat mich entlassen, und ich habe sechs Monate Zeit, um mir eine neue Stelle zu suchen. Dazu kommt, daß meine Frau die Scheidung eingereicht hat. Muß ich nun ehrlich sein und diese beiden Punkte im Gespräch mit dem Psychologen erwähnen, oder wäre es besser, sie zu verschweigen?»

Eine ehrgeizige Dame, die sich einen Aufstieg bei einer Werbeagentur erhofft, aber deswegen erst getestet werden soll: «Mit Tests habe ich keine Probleme – sie sind sogar eine Herausforderung für mich – aber ich habe mir sagen lassen, daß die ganzen Managementtests auf Männer zugeschnitten sind: Wie stehen meine Chancen, wenn ich als ‹Mann› eingestuft werde?»

«Der Personalchef, mit dem ich sprach, sagte, daß ein ‹knallharter Manager› gesucht wird. Was meint er damit? Und nach welchen Kriterien soll dieses ‹knallhart› im Test erfaßt werden?»

Ein Fachmann für Elektronik, der sich bei einem Softwareunternehmen für eine leitende Position beworben hatte: «Die Stellenbeschreibung, die ich bekommen habe, ist äußerst vage. Ist das nun Absicht, oder wissen die selber nicht, was für einen Chef diese Abteilung benötigt? Es ist mir völlig unklar, wie man mich für eine derart differenzierte Aufgabe wie den Posten eines Niederlassungsdirektors testen kann. Ich werde mich sowohl intern als auch extern mit so vielen verschiedenen Aufgaben und Menschen auseinandersetzen müssen – von der Verantwortung gar nicht zu reden –, daß ich nicht verstehen kann, was ein Unternehmensberater an sinnvollen oder konstruktiven Beiträgen dazu liefern kann. Wie will er feststellen, ob ich der richtige Mann am richtigen Ort bin? Das sind doch reine Mutmaßungen!»

Ein erbitterter Beamter, 33, der gerne Abteilungsleiter in der Hauptverwaltung einer großen Bank geworden wäre, hat folgendes Problem: «Vor einiger Zeit habe ich an einem Kurs für Managementtraining teilgenommen. Dort hat man mir gesagt, daß es drei Managementstile gäbe: demokratisch, autokratisch und laissez-faire (etwa: die Dinge laufen lassen). Man sagte mir, daß ich der Laissez-faire-Typ sei. Nun würden mich zwei Fragen interessieren: Wird mein Führungsstil jetzt noch einmal durch den Unternehmensberater ermittelt, und welchen Eindruck macht es im Geschäftsleben, wenn man als Laissez-faire-Manager bekannt ist?»

Ein Lebensmitteltechniker, 42, der möglicherweise Leiter der Produktionsabteilung einer Süßwarenfabrik wird: Die Firma hat mir soeben mitgeteilt, daß man mich nicht testen wird. Der Termin beim Unternehmensberater wurde abgesagt. Ich war natürlich in Hochstimmung. Jetzt verlangt man aber von mir, daß ich an einem Assessment-Center teilnehme. Um was geht es da genau? Und welche Lektüre kann ich mir vorher besorgen, bevor ich ‹unters Messer› muß?»

Ein gekränkter Top-Vertreter einer Fotokopieranstalt, der sich um die Stelle eines Sales-Managers für Europa bei einem großen expandierenden US-Computerhersteller beworben hatte und der abgewiesen worden war: «Ich verstehe nicht, weshalb ich die Stelle nicht bekommen habe. Als erstes mußte ich mich einem schriftlichen Verkaufstest unterziehen mit ziemlich überflüssigen Fragen über den Verkauf von Haus zu Haus. Anschließend wurde mein IQ getestet, und danach wurde ich zu einem kurzen Gespräch (höchstens 20 Minuten!) mit dem testenden Psychologen gebeten. Ich bekam die Stelle nicht, weil mein Verkaufstest nicht gut ausfiel und mein IQ den Erwartungen nicht entsprach. Nach Führungsqualitäten wurde ich gar nicht gefragt. Wie kann ich eine solche Situation beim nächsten Mal vermeiden?»

Unsicherheit und Angst spielen eine große Rolle bei der Bewerbung um eine Managerposition. Auf der «anderen Seite» kann aber genau die gleiche Unsicherheit herrschen, denn es ist keine leichte Aufgabe, jemandem sein zukünftiges Verhalten vorherzusagen, denn darin liegen, wie wir bereits gesehen haben, große Risiken. Viele Personalberater werden täglich mit diesem Problem konfrontiert. Wenn Schwierigkeiten auftreten, werden sie nach Alternativen suchen. Aber nach welchen? Wir werden darauf in Kapitel 3, 4 und 5 eingehen.

Die Chancen stehen nicht zu Ihren Gunsten!

Es ist höchst wahrscheinlich, daß Sie bei einer Bewerbung um eine Managerposition nicht als einziger getestet werden. Sie stehen in direkter Konkurrenz zu Leuten mit den gleichen Erwartungen wie Sie. Wie viele Kandidaten könnten es außer Ihnen sein? Meistens sind es noch zwei bis vier. Sollten Sie, zusammen mit drei weiteren Bewerbern, in die Endrunde gekommen sein, dann haben Sie, statistisch gesehen, eine 25prozentige Chance, den Posten zu bekommen. Für die Schwarzseher liegt die Chance «durchzufallen» bei 75 Prozent. Wenn wir nun von der Voraussetzung ausgehen, daß Sie genauso hoch qualifiziert sind wie Ihre Konkurrenten und daß Sie außerdem Ihrem zukünftigen Arbeitgeber noch sympathisch sind (wären Sie es nicht, dann würden Sie jetzt nicht an der Endrunde teilnehmen), dann stehen Ihre Chancen trotzdem nicht besonders gut.

Haben Sie wirklich starkes Interesse an dieser Führungsposition, dann sollten Sie sich so gut wie möglich auf den Managementtest vorbereiten. Die Tatsache, daß Sie dieses Buch lesen, ist ja schon Beweis genug für Ihr Interesse. Ihre Chancen stehen natürlich besser, wenn Sie nur einen oder zwei Konkurrenten haben. Das können Sie aber nicht vorher wissen, und ebensowenig wird Ihnen bekannt sein, wer Ihre Gegenspieler sind und wo deren Stärke liegt.

Es kann auch vorkommen, daß Sie als letzter Kandidat übrigbleiben. Nun möchte aber Ihr zukünftiger Chef vielleicht mehr über Sie wissen. Es kann auch sein, daß es zum Standard gehört, jeden Bewerber testen zu lassen. Man kann Ihnen vorschlagen, sich einen ganzen Tag von einem Unternehmensberater «durch die Mangel drehen zu lassen». Wir haben festgestellt, daß ein solches Ansinnen meistens auf die leichte Schulter genommen wird. Bitte nehmen Sie die Sache ernst. Die neue Stelle haben Sie erst in der Tasche, wenn der Unternehmensberater Ihnen ein positives Zeugnis ausstellt. Gehen Sie deshalb kein Risiko ein – der Arbeitgeber tut das auch nicht –, und bereiten Sie sich auf diesen Tag so gut wie möglich vor.

TIP

Sollte Ihnen Ihr zukünftiger Arbeitgeber zum Beispiel durch den Personalchef sagen lassen, daß Sie als einzig übriggebliebener Kandidat getestet werden sollen, dann versuchen Sie, den Test zu vermeiden; die Möglichkeit, daß das Ergebnis Ihres Tests vielleicht nicht ganz positiv ist, besteht immer. Gehen Sie in diesem Fall das Risiko nach Möglichkeit nicht ein. Geben Sie dafür Ihrem zukünftigen Chef eine Alternative, zum Beispiel ein erneutes persönliches Gespräch, einen Tag «Probearbeiten» im Betrieb, so daß man Ihr Verhalten vor Ort begutachten kann (siehe Kapitel 5: Assessment-Center) oder neue Referenzen. Sollten Sie sich während der vergangenen drei Jahre bereits einem Test für eine vergleichbare Position unterzogen haben, so wäre es vielleicht sinnvoll, dies bei der Besprechung zu erwähnen. Kurzum, versuchen Sie, einen Arbeitsvertrag zu bekommen, ohne sich vorher testen zu lassen.

Auswahlprobleme aus der Sicht des Arbeitgebers

Einen Menschen zu beurteilen ist schwierig und daher keine leichte Aufgabe – gleichgültig ob es sich nun um die Auswahl eines neuen Mitarbeiters oder um sogenannte Beurteilungs- oder Arbeitsgespräche handelt. Die Schwierigkeit wird größer, wenn ein Manager für eine höhere Position getestet werden soll. Das spätere Verhalten einer solchen Schlüsselfigur soll vorausgesagt werden, und damit ergeben sich Probleme:

1. Wie kann man als Arbeitgeber sicher sein, daß man den besten Bewerber ausgesucht hat? Wie groß ist die Möglichkeit, daß bessere Kandidaten ausgeschieden wurden durch unangemessene Auswahlmethoden? Es ist schwierig, das festzustellen, weil es praktisch unmöglich ist, die weitere Laufbahn der abgewiesenen Kandidaten zu verfolgen. Sie werden wenig Wert darauf legen, an einem wissenschaftlichen Forschungsprogramm für einen Unternehmensberater teilzunehmen.
2. Ferner kostet es Zeit und Geld, den soeben eingestellten Manager (intern oder extern) auszubilden. Je höher die Position ist, desto länger dauert es, bis der neue «Chef» eingearbeitet ist, den Betrieb und sein Klima kennt. Das wiederum bedeutet, daß der neue Manager eigentlich erst nach einem Jahr beurteilt werden kann – eine zu lange Zeit. Was passiert, wenn die neue Arbeitskraft nicht «genehm» ist? Wird man das ganze mühselige Testverfahren noch einmal ablaufen lassen? Das wird eine teure Angelegenheit werden.
3. Einem Manager zu kündigen ist nicht einfach. Wir könnten jetzt hier beschönigende Ausflüchte anführen, wie «Personalabbau, Outplacement, frühzeitige Pensionierung, Auslaufen des Vertrages» und vieles mehr. Es geht aber um die Entlassung eines Angestellten.
Besonders teuer wird die Sache für das Unternehmen, wenn die Entlassung juristisch angefochten wird. Eine Ablösung oder der «golden handshake» sind ebenfalls kostspielige Lösungen. Arbeitgeber und Arbeitnehmer gehen eine eheähnliche Verbindung ein. Eine Trennung ist möglich, aber auch hier gilt der Ausdruck «Scheiden tut weh». Hierdurch erklärt sich das behutsame Vorgehen des Arbeitgebers.

Die richtige Person am richtigen Platz?

Es liegt im Interesse beider Parteien, eine gute Auswahl zu treffen. Dem Arbeitgeber ist nicht mit einem neuen Manager geholfen, der sich schnell wieder absetzt oder plötzlich der Meinung ist, er möchte sich vielleicht doch lieber nach einem angemesseneren Arbeitsplatz umsehen. Für den Arbeitnehmer ist es dann genauso frustrierend, erneut in die Tretmühlen der Testprozedur zu kommen. Es bedeutet wiederum Spannung und Unsicherheit, sowohl zu Hause wie auch bei der Arbeit.

Es erscheint somit logisch, daß der Unternehmer versuchen wird, sein Risiko bei der Einstellung eines Managers möglichst klein zu halten. Deshalb wird der Unternehmensberater eingeschaltet. Dessen Arbeit ist somit als eine Art von Versicherung anzusehen mit einer dazugehörenden Prämie. Um eine Lebensversicherung handelt es sich hier allerdings nicht.

Mit Hilfe dieses Buches (Kapitel 8) können Sie sich intensiv auf Ihre Prüfung vorbereiten. Eine kritische Frage, die immer wieder gestellt wird, ist: «Angenommen, ich habe mich gut vorbereitet, meine Konkurrenten jedoch nicht. Nach dem Test bekomme ich einen positiven Bescheid, und die Stelle wird mir zugesagt. Woher soll ich nun wissen, ob ich die richtige Person bin für diese Position?» Die Antwort darauf ist leicht: Weder Sie noch Ihr Arbeitgeber wissen es. Auf jeden Fall ist aber anzunehmen, daß Sie und Ihre Konkurrenten ungefähr gleichermaßen qualifiziert sind, wenn es Ihnen allen gelungen ist, in die Endrunde zu kommen und zur Schwelle des Tests vorzudringen. Vielleicht sind Sie aber auch ehrgeiziger, motivierter und verfügen über mehr Antriebskraft. Sie haben sich jedenfalls der Mühe unterzogen, sich gut vorzubereiten.

Psychologische Auswahlverfahren sind Hilfsmittel. Ein Testverfahren allein bedeutet noch keine Entscheidung – diese trifft der Arbeitgeber. Wenn Sie den Test gut bestanden haben, aber nicht die richtige Person für diese Position sind, dann hat der Arbeitgeber sich falsch entschieden. Möglich ist das immer, mit oder ohne psychologischen Test. Vielleicht aber haben auch Sie sich geirrt?

Alles über Managementtests – eine kurze Zusammenfassung

Sollten Sie es eilig haben und gerne schnell wissen wollen, ob Ihnen dieses Buch zusagt, dann laden wir Sie jetzt zu einer kleinen Vorschau ein:

Kapitel 1 gibt – wie Sie bereits gesehen haben – einen Überblick auf das, was Sie in diesem Buch erwartet. Sie machen eine kurze «Schnupperlehre» und wissen dann, was für Sie wesentlich ist und was nicht.

Kapitel 2 beschäftigt sich mit der praktischen und wissenschaftlichen Qualität von Managementtests. Dieses Kapitel ist recht kritisch. Es zeigt, daß Klagen sowohl von wissenschaftlicher Seite wie auch von Bewerbern vorliegen. Diese Kritik ist grundsätzlicher Natur und berechtigt. Weitere Themen, die in diesem Kapitel zur Sprache kommen:

a) überflüssige Tests, deren Ergebnis keine brauchbaren Informationen über den Bewerber zeigt,
b) der Mißbrauch von Tests.

Sollte dieses Kapitel Sie besonders ansprechen, dann können Sie seine Lektüre auch auf später verschieben.

Kapitel 3 hier wird über moderne Managementtests und Testaufgaben gesprochen.

Kapitel 4 erwähnt ältere Tests, die immer noch angewandt werden, und zeigt Ihnen die klassischen Managementtests. Sie werden mit grundsätzlichen Testfragen konfrontiert usw.

Kapitel 5 beschreibt verschiedene Neuentwicklungen wie Assessment-Center und BARS. Diese Auswahlverfahren werden neuerdings immer bekannter, und wir werden Ihnen zeigen, was Assessment-Center bedeutet und wie man damit umgeht. Dabei behandeln wir ausführlich die sogenannte «In-basket»-Technik sowie diverse Arten von «Work-sample»-Tests und Arbeitsproben. Die BARS-Methode wird ebenfalls kurz erläutert. BARS und Assessment-Center werden fast nur von größeren Unternehmen eingesetzt, weil die Kosten meistens hoch liegen. Der Unternehmensberater wird Ihnen mitteilen, ob Sie an einem solchen «Center» teilnehmen sollen.

Ist dies nicht der Fall, dann können Sie sich Kapitel 5 für später aufheben. Wir machen uns darin auch Gedanken, ob das psychologische Auswahlverfahren noch Zukunft hat.

Kapitel 6, «Tests für Verkäufer und Unternehmer», zeigt Ihnen, was es alles auf diesem Gebiet gibt. Wir beschreiben Ihnen einen kaufmännischen Test, damit Sie sich auch darin auskennen.

Kapitel 7, «Analogien und Syllogismen», behandelt ein Thema, das von vielen Bewerbern, vor allem von älteren, als unangenehm empfunden wird. Mit diesem Kapitel zeigen wir Ihnen, wie Sie beim Test mühelos damit zurechtkommen.

Kapitel 8, «Allgemeine Vorbereitungen auf den Prüfungstag», entschärft die Behauptung, daß man sich auf einen Test überhaupt nicht vorbereiten kann. Sie werden sehen, daß es sich lohnt, sich richtig darauf einzustellen: wir werden auf bestimmte Bücher verweisen und Ihnen Übungen vorschlagen. Außerdem werden wir so verschiedene Themen aufgreifen wie zum Beispiel das Persönlichkeitsprofil des Managers (wofür genau werden Sie eigentlich getestet?), das Sammeln von Erfahrungen mit Tests und das Überwinden von Konzentrationsschwierigkeiten.

Kapitel 9, «Das persönliche Gespräch», zeigt, wie neugierig er sein kann. Wie wird ein solches Gespräch aufgebaut? Welche Themen können zur Sprache kommen? Welche Fragen sind schwierig und trickreich? Wie reagieren Sie am besten darauf? Es soll Manager gegeben haben, die das Gespräch mit dem Psychologen als angenehm und unterhaltsam empfanden. Das war sicherlich nicht richtig: Sie brauchen diesen Fehler nicht zu begehen!

Kapitel 10, «Wie wirke ich auf andere?», schließt sich direkt an Kapitel 9 an. Immer wieder werden Sie zeigen müssen, daß Sie sich «verkaufen» können – so lästig das auch sein mag. Sie sollen also nicht nur Ihre Tests gut bestehen, sondern sich außerdem im Gespräch mit dem Experten auch von Ihrer besten Seite zeigen. Wie aber wollen Sie wissen, ob Ihnen das gelungen ist? Und haben Sie eine Vorstellung davon, wie Sie sich darstellen möchten oder sollten, das heißt, wie Ihre Ausstrahlung ist? Über Körpersprache und Selbstdarstellung werden wir noch sprechen. Viele Manager sehen auch darin ein Problem, sich einer Auswahlkommission gegenüber richtig zu verhalten. Sie stehen ganz allein einer Gruppe gegenüber!

Kapitel 11, «Zulassungstests zur Managementausbildung», das letzte Kapitel, erklärt verschiedene Tests im In- und Ausland.

Kapitel 2:
Die praktische und wissenschaftliche Qualität von Managementtests

Einleitung

Dieses Kapitel übt Kritik, die Sie möglicherweise beunruhigen wird. Sollten Sie sich über die wichtigsten Managementtests informieren wollen, zum Beispiel darüber, wie sie aufgebaut sind, – vielleicht weil Sie morgen bereits zum Test angemeldet sind –, dann können Sie dieses Kapitel vergessen und zu Kapitel 3 übergehen. Schließlich müssen Sie den Ihnen vorgelegten Test machen, so schwach er auch sein mag. Eine andere Wahl haben Sie nicht ...

Sollten Sie aber über genügend Zeit verfügen und mehr über den allgemeinen Hintergrund und die Qualität von Tests erfahren wollen, dann lesen Sie bitte weiter!

Was kommt als nächstes? Wir möchten Ihnen erklären, welchen Wert der Arbeitgeber dem Testvorgang beimißt. Sie werden sehen, was für Unterschiede es da je nach Unternehmen gibt. Anschließend werden wir versuchen zu klären, ob es wirklich eine Katastrophe ist, wenn man abgewiesen wird. Vielleicht ist die persönliche Kränkung gar nicht so groß? ... Danach werden wir über die Qualität der Tests sprechen und zeigen, wie schwach sie sind.

Manche Psychologen und zahlreiche Bewerber sind der Meinung, daß viele Tests total bedeutungslos sind, das heißt, daß oft mit dem falschen Test geprüft wird, der überhaupt nichts aussagt über die Fähigkeiten eines Bewerbers. Auch dazu werden wir uns kritisch äußern. Diese Kritik gilt sowohl internen Versetzungen wie auch Outplacements und nicht zuletzt den sogenannten Studien über Untersuchungen in Sachen Berufswahl. Es ist genügend Munition da für kritische und empörte Bewerber.

Wie wichtig ist der Testvorgang?

Die logische Antwort auf diese Frage lautet: «Der Vorgang ist genauso wichtig, wie der Auftraggeber ihn nimmt!» Kryptisch? Ja und nein! Sollte der zukünftige Arbeitgeber den Test dazu benutzen, um mehr Informationen über den zukünftigen Manager zu erhalten, dann ist das nur ein Bruchstück der Gesamtbeurteilung. Als Vergleich könnte man anbringen: So wie beim Fischen der Fang an Land gezogen wird, so werden die diversen persönlichen Gespräche, die eingeholten Referenzen und nicht zuletzt die «Intuition» der verschiedenen Prüfer zusammen «eingeholt». Es kann auch vorkommen, daß dem Unternehmensberater die Henkerrolle zugeschoben wird. Wenn der testende Psychologe sein Gutachten an den Arbeitgeber mit folgendem Satz abschließt: «... und wir möchten empfehlen, diesen Bewerber einzustellen ...», dann kommt das einer Absage gleich. Alles in allem heißt das, daß Sie nicht von vornherein wissen können, wie wichtig der Arbeitgeber das Prüfungsergebnis nimmt. Geht es nur darum, Informationsmaterial zu sammeln, oder aber handelt es sich um die endgültige Bewertung? Ein schlechter Test bedeutet somit nicht unbedingt eine Absage.

Der psychologische Test wird von vielen Bewerbern als wesentlicher Teil des Auswahlverfahrens empfunden, obwohl nicht gesagt ist, daß das Resultat so ausschlaggebend ist, wie der Bewerber das meint.

TIP

Testpsychologen sind Ratgeber – Entscheidungen werden von anderen getroffen; die Psychologen werden ihres Rates wegen bei Auswahlverfahren eingeschaltet, aber über Ihre Zukunft bestimmen sie nicht, obwohl es oft danach aussehen mag ... Sollten hierbei irgendwelche Probleme auftauchen, dann ist es ratsam, sich direkt an den Arbeitgeber zu wenden.

Sie haben eine Absage bekommen

Bei Auswahlverfahren ist es angenehm, auf dem Siegertreppchen zu stehen! Sie aber wollen weder eine bronzene noch eine silberne Plakette: es geht ausschließlich um die Goldmedaille! Es ist immer unangenehm, abgewiesen zu werden, ob es sich nun um eine Stelle oder um ein Liebesverhältnis handelt. Die Goldmedaille aber kann nur an eine einzelne Person vergeben werden: Es geht einfach darum, daß Sie und Ihr zukünftiger Arbeitgeber zusammenpassen müssen. Sollte es dieses Mal nicht gelingen (und das kann für beide Parteien von Vorteil sein!), dann gelingt es vielleicht beim nächsten Mal. Sie haben eine sehr wichtige Erfahrung gemacht, eine, die nur positiv sein kann, denn je öfter Sie getestet werden, desto besser wird Ihre Leistung sein und Sie werden Ihre Konkurrenten beim nächsten Bewerbungsgespräch mühelos schlagen. Allerdings müssen natürlich die drei Parteien bei diesem Spielchen, das heißt Sie, der Arbeitgeber und der Unternehmensberater, davon überzeugt sein, daß die Auswahlmethoden die richtigen waren. Leider ist das nicht immer der Fall, wie Sie aus diesem Kapitel ersehen werden ...

Verhandlungen über das Testergebnis

Jeder, der an einem psychologischen Test teilnimmt, weiß, daß dieser nicht perfekt sein kann. Die Fachleute unter sich streiten das auch nicht ab. So wurde der Autor dieses Buches von verschiedenen Psychologen gebeten, nicht zu erwähnen, daß die Qualität der meisten Tests enttäuschend sei. Es gehe dabei nicht um objektive Qualitätsangaben – darüber waren sie sich einig.

Je mehr Zweifel der Arbeitgeber hat, desto einfacher ist es für ihn, über das Ergebnis zu verhandeln. Sollten Sie sich beschweren wollen, dann könnte das von Vorteil sein. Hin und wieder – nicht oft – wird Ihnen dann die Gelegenheit zu einem neuen Test geboten, und das letzte Resultat wird ignoriert. Auf alle Fälle kann man aber oft über die Ergebnisse sprechen. Allerdings müssen Sie selbst die Initiative ergreifen, und es ist ganz wichtig, daß Sie dabei ein klares Ziel vor Augen haben, also zum Beispiel: Sie beantragen einen neuen Test bei einem anderen Unternehmensberater; Sie verlangen einen rein fachlich bezogenen Test; oder Sie bitten, das Testresultat nicht in die Bewertung aufzunehmen.

Die Qualitätsfragen

Was ist Qualität? Ein schwer zu definierender Begriff. Wie erkennt man Qualität, wenn man sie sieht, und nach welchen Kriterien wird sie bestimmt? Wir möchten hier zuerst kurz auf die Qualität von psychologischen Tests im allgemeinen eingehen und später über reine Managementtests sprechen.

Bei einem Test gibt es fünf verschiedene Qualitätsmaßstäbe:

1. **Ausgangspunkt:** Erfährt man, wozu der Test dient? Welchen theoretischen Hintergrund hat der Test? Basiert das Ganze auf bestimmten Theorien, oder «wird man schon sehen, was dabei herauskommt?»
2. **Durchführung des Tests mit Anleitung:** Handelt es sich bei den Aufgaben, dem «scoring» und den angegebenen Instruktionen um Standardfragen? Ist das Scoringsystem objektiv? (Je weniger Personen sich damit befassen und je mehr deshalb der Computer eingeschaltet wird, desto objektiver ist das Scoringsystem.)
3. **Normen:** Sind dem testenden Psychologen Normen vorgegeben, anhand deren der Bewerber mit anderen Kandidaten aus der gleichen Gruppe verglichen werden kann, also bestimmte Kriterien, Maßstäbe usw.? So soll das Testergebnis eines Piloten mit dem Resultat anderer Piloten verglichen werden und nicht mit dem eines Landarbeiters oder Musikers. Das Prüfungsresultat eines Verkaufsmanagers muß auf vergleichbarem Niveau gewertet werden und nicht gegenüber Bauunternehmern, Ärzten oder Architekten.
4. **Zuverlässigkeit:** Findet man (fast) immer wieder das gleiche Ergebnis bei der geprüften Person, und bleiben die Resultate unverändert? Es ist eine bekannte Tatsache, daß Sie um so intelligenter werden, je öfter Sie sich im Verlauf eines Jahres testen lassen, was natürlich äußerst angenehm ist: Ihr IQ wird höher. Auf den Test aber würden wir uns nicht verlassen.
5. **Gültigkeit:** Welche Gültigkeit hat der Test? Erfragt er das, was er vorgibt, und sind die Fragen an den Bewerber auf ihn abgestimmt? Werden zum Beispiel bei einem Verkaufstest Ihre Verkaufskenntnisse geprüft, Ihre Verkaufsqualitäten und Ihre Verkaufsstrategie, oder werden Sie vielleicht nach etwas ganz anderem gefragt?

Welche Tests werden bei der Auswahl eines Managers verwendet?

Unserer bisherigen Beschreibung werden Sie entnommen haben, daß die Auswahl eines zum Unternehmen passenden Managers ziemlich schwierig ist. Es ist einfacher, eine Stenotypistin auszusuchen als einen leitenden Angestellten, denn bei ihr muß man zunächst nur darauf achten, wie viele Anschläge sie pro Minute schreibt und wie viele Fehler sie pro 500 Wörter macht.

In einer leitenden Position hingegen müssen Sie über viele, oft abstrakte Fähigkeiten verfügen, und es ist deshalb vernünftig, sich für diese schwierigen Fälle bei Fachleuten außerhalb des Betriebes Unterstützung zu holen. Normalerweise handelt es sich dabei um eine Unternehmensberatung, aber es gibt heutzutage viele Interessierte auf dem Markt, die sich an diesem Geschäft gerne beteiligen möchten, man denke nur an die Headhunter, Werbungs- und Selektionsagenturen und vielen selbständigen sogenannten «Ratgeber» ...

Der Unternehmensberater verwendet viele Tests und Methoden, um festzustellen, wie hoch der Bewerber qualifiziert ist, und darauf werden wir uns in diesem Buch konzentrieren. Zuerst werden wir uns kurz mit den verschiedenen Methoden befassen und anschließend deren Qualität einer näheren Prüfung unterziehen.

Der Unternehmensberater wird Sie nicht durch einen einzelnen Test prüfen, sondern es werden mindestens zwei sein, wenn nicht mehr. Um welche es sich dabei handelt, hängt von der zu besetzenden Position, den Wünschen des Auftraggebers und den Arbeitsmethoden des Beraters ab. Jeder Unternehmensberater hat seine Lieblingstests, manche basieren auf wissenschaftlichen Untersuchungen, manche auf Erfahrung, andere wieder auf ... ja, worauf eigentlich? Auf jeden Fall werden Sie mindestens zwei der folgenden willkürlich aufgelisteten Tests absolvieren müssen:

1. Ausgesuchte Managementtests und Aufgaben (cases)
2. Das persönliche Gespräch, auch Interview genannt
3. Kaufmännische Tests
4. Persönlichkeitstests
5. Assessment-Center-Technik
6. Intelligenz- und Analogientests
7. Tests, die Berufsinteressen betreffen

8. Klinische Tests
9. Weitere Tests (u. a. für Kreativität, Konzentration, rechnerische Begabung usw.)

Wir werden nun diese Tests und Methoden kurz beschreiben und uns darüber Gedanken machen, wie hoch ihr wissenschaftlicher Standard ist. Auch die Praxis interessiert uns natürlich, denn es geht dem Prüfer in erster Linie darum, den praktischen Wert der Auswahlmethoden zu erfahren. Sie werden wahrscheinlich genauso darüber denken ...

Zu Punkt 1: Ausgesuchte Managementtests und Aufgaben (cases)

Es handelt sich hierbei um eine bestimmte Sorte von Tests, die ausschließlich bei der Auswahl von Führungspositionen verwendet werden. Dazu rechnen wir der Einfachheit halber auch allerlei Aufgaben, die Sie beim Unternehmensberater selbst lösen müssen. Sie können dabei u. a. unter Beweis stellen, wie selbstsicher Ihr Auftreten ist und wie Sie bestimmte Berechnungen ausführen. Es geht hier um viele Tests. Die Anzahl? Niemand kann diese Frage genau beantworten. Jede Unternehmensberatung kann ohne weiteres ihre eigenen Managementtests und Aufträge entwickeln, und dies tun die auch.

Über Tests, die nur von einer einzelnen Unternehmensberatung verwendet werden, gibt es selten seriöse Veröffentlichungen betreffend Untersuchungsergebnissen etc. Die Laien tappen im dunkeln, und bei den Testpsychologen bedeuten keine Nachrichten immer schlechte Nachrichten ...

Bei diesen Tests und Aufträgen sollte man wissen, daß über den Wert und die Zuverlässigkeit von Qualitätsbeurteilungen kaum etwas bekannt ist. Es bestehen somit auch große Zweifel an der Bedeutung dieser Tests. Was für Sie aber vielleicht wichtiger ist, in Kapitel 3 und 4 beschreiben wir die geläufigsten Managementtests mit praktischen Anleitungen, so daß Sie diese Hürde leichter nehmen können.

Zu Punkt 2: Das persönliche Gespräch (Interview)

Das persönliche Gespräch ist ein Teil der Prüfung. In diesem Buch werden Sie immer wieder auf den Hinweis stoßen, daß Sie dabei auf der Hut sein sollen. Ein Testpsychologe kann immer versuchen, Ihnen während eines sogenannten gemütlichen Schwatzes eine Falle zu stellen. Er betrachtet das Interview als interessante Informationsquelle, womit er nicht unrecht hat, denn so kann er auf angenehme Art und Weise in kurzer Zeit vieles über Sie in Erfahrung bringen. Der testende Psychologe ist hier somit sein eigener Test. Aus wissenschaftlicher Sicht gesehen, ist diese Methode der Auswahl eher schwach. So kann der Prüfer sich durch Dinge leiten lassen, die überhaupt nichts mit Ihren Fähigkeiten zu tun haben; es kann sich um Redegewandtheit handeln oder um weiblichen Charme, Ermüdungserscheinungen, gute Manieren, Vorurteile und noch vieles mehr, kurzum, der Psychologe ist auch nur ein Mensch.

TIPS
1. Seien Sie vorsichtig beim persönlichen Gespräch mit dem Psychologen.
2. Da auch er nur ein Mensch ist, gelingt es Ihnen vielleicht, sich auf ihn einzustellen und ihn zu beeinflussen.

Gerade weil die Psychologen schon lange eingesehen haben, wie subjektiv das Interview im Grunde genommen ist, wurden psychologische Auswahlverfahren entwickelt. Tests müssen Vorurteile ausschließen. Es sollten objektive Mittel und Wege gefunden werden, bei denen jeder Bewerber die gleichen Chancen hat. Die testenden Psychologen ziehen vielfach nicht in Erwägung, daß die Praxis ganz anders aussieht. Kapitel 9 und 10 zeigen Ihnen, wie man sich beim persönlichen Gespräch mit dem Prüfer am besten darstellt und benimmt.

Zu Punkt 3: Kaufmännische Tests

Was für Managementtests gilt, gilt auch für kaufmännische Tests. Untersuchungen über ihre Qualität gibt es kaum. Meistens wirkt der Test ansprechend und läßt sich gut an. Was er aber erfassen soll, ist nicht ganz klar, und es ist deshalb zu befürchten, daß er nicht unbedingt zuverlässig ist. Sollten Sie innerhalb kurzer Zeit einen solchen Test zweimal gemacht haben, sind die Ergebnisse vielleicht sehr unterschiedlich. Das könnte angenehm für Sie sein. Kapitel 6 sagt Ihnen alles über den kaufmännischen Test.

Zu Punkt 4: Persönlichkeitstests

Es gibt objektive und projektive Persönlichkeitstests. Beim projektiven Test nimmt der Psychologe an, daß Sie Ihre Ideen, Träume und zukünftigen Vorstellungen offenbaren. Sollte man Sie den Rorschachtest machen (schwarzweiße Tintenflecke interpretieren) oder unbestimmte, altmodisch anmutende Zeichnungen deuten lassen, dann vertritt der Psychologe die Theorie, daß damit intime Sachen über Sie ans Tageslicht gebracht werden können, die sonst verborgen geblieben wären. Er schlägt genauso schnell zu wie ein Agent, der einen Spion jagt. Diese projektiven oder subjektiven Test sind, aus wissenschaftlicher Sicht gesehen, Monstren.

Als Maßstab taugen sie nichts, und unehrlich sind sie auch noch, dem Bewerber wird kein reiner Wein eingeschenkt. Man läßt ihn im ungewissen über das Ergebnis, und was vielleicht noch schlimmer ist: die Auslegungen und Schlußfolgerungen des Psychologen sind bei diesem Test nicht zu widerlegen. Oft werden negative Konklusionen vage umschrieben, was tödlich sein kann. «Möglicherweise hat der Bewerber sexuelle Probleme?» Angenehm ist eine solche Unterstellung nicht. Können Sie sie widerlegen, sollen Sie es und wollen Sie es überhaupt, und wenn ja, auf welche Art und Weise? Glauben Sie, daß man Ihnen zuhören wird? Zum Glück werden projektive Tests nur von einer kleinen Anzahl von Psychologen verwendet: Sie betrachten sie als eine Art von Röntgenapparat, man schaut durch den Kandidaten hindurch, ohne daß er es merkt, oder noch deutlicher, bei einem Röntgenbild kann nur der Spezialist Abweichungen feststellen. Anfänger und Laien erkennen nichts.

Diese Probleme sind nicht neu und haben zu einer Weiterentwicklung, nämlich zu den objektiven Persönlichkeitstests, geführt. Hierbei handelt es sich um Papier-und-Bleistift-Tests, in denen Sie die gestellten Fragen durch Ankreuzen beantworten: so wird versucht, Ihr Persönlichkeitsbild zu erfassen. In kürzester Zeit wird Ihr Inneres aufgedeckt ohne viel Federlesens, kurzum eine neue, schnelle Methode. Im Prinzip ist der Psychologe jetzt nicht mehr gefragt, und der ganze Prozeß läuft automatisch ab. Der Bewerber kreuzt seine Antworten auf dem Bildschirm an, und kurz darauf druckt der Computer das Resultat in Form einer Persönlichkeitsbewertung aus. Welch ein Fortschritt.

Es sieht danach aus, als ob die Automatisierung in diesem Fachbereich vieles bewirken wird. Man kann davon ausgehen, daß die Qualität eines Tests besser wird, wenn der Bewerber vor dem Bildschirm sitzt. Er gibt seine Antworten direkt in den Computer ein, der das Ergebnis sofort ausdruckt. Allerdings wird es noch eine Weile dauern, bis eine Testabnahme via Computer Allgemeingut ist.

Auch qualitativ gesehen gehören objektive Persönlichkeitstests nicht zum schlechtesten Werkzeug eines Psychologen. Nachstehend eine Tabelle, in der die wichtigsten objektiven Persönlichkeitstests beurteilt werden:

Qualitätsbeurteilung	Name des Tests				
	ABV	EPPS	GLTS	NPV	16 PF CATTELL
Ausgangspunkte	G	B	G	G	B
Prüfungsmaterial und Anleitung	G	G	G	G	B
Normen	B	G	S	G	S
Zuverläßigkeit	G	B	S	B	S
Wert	B	B	S	B	S
G = gut − B = befriedigend − S = schlecht					

(Quelle: Visser et al., 1982 in «Aanvullingen», 1987)

Projektive Tests sind in dieser Tabelle nicht erwähnt, weil nicht einer davon den genannten Qualitätsansprüchen genügt.

Kapitel 8 gibt Ihnen Informationen über das Persönlichkeitsprofil des Managers. Sie sehen dabei, daß diese Tests keine schlechten Leistungen erbracht haben. Wir haben jedoch oft Probleme mit arroganten Psychologen und irrelevaten Persönlichkeitstests: Angeblich gibt es keine Probleme mit objektiven Persönlichkeitstests, was jedoch einer optischen Täuschung gleichkommt; wir kommen darauf noch zurück.

Die wissenschaftliche Psychologie wurde im Jahre 1875 in Leipzig im ersten Labor der Welt ins Leben gerufen. Seitdem hat die Psychologie viele Theorien entwickelt und bei der Lösung praktischer Probleme experimentiert. Diese Wissenschaft ist sicherlich nicht ohne Bedeutung, aber wenn Psychologen nach über 100 Jahren immer noch der Meinung sind, daß sie die Persönlichkeit eines Menschen anhand einiger weniger Fragen ermitteln können, dann betrachten wir diese Haltung als arrogant. Oder sollte es sich hier vielleicht um Naivität oder eine Überschätzung der eigenen Fähigkeiten handeln?

Der Mensch ist kompliziert. Die Persönlichkeitspsychologie hat zu diesem Thema viele Theorien entwickelt, trotzdem steckt das Ganze eigentlich noch in den Kinderschuhen. Obwohl es hervorragende Statistiker gibt, sind die Ansprüche der testenden Psychologen unrealistisch.

Der Persönlichkeitstest ist oft irrelevant. Wir haben mehrmals dafür plädiert, die Bewerber ausschließlich auf ihr Verhalten hin zu testen. Wie führt ein Manager in der Praxis seine Angestellten? Darum geht es – nicht so sehr um seine Persönlichkeit.

Zu Punkt 5: Assessment-Center-Technik

Im Gegensatz zum psychologischen Test mißt das Assessment-Center das Verhalten in der Praxis; es gibt dabei keine Geheimnisse: Der Bewerber weiß, was ihn erwartet. Er muß, nachdem es sich entsprechend darauf vorbereitet hat, eine Hochleistung bezüglich seines Verhaltens erbringen.

In Kapitel 5 erklären wir das genau.

Als Auswahlmethode dürfen wir vom Assessment-Center, AC genannt, die gleichen logischen und klaren Voraussetzungen erwarten wie vom psychologischen Test. Wir haben das in diesem Kapitel bereits erwähnt. Weshalb sollte das AC eine Ausnahme sein? Daraus schließen wir, daß es viele verschiedene Arten von ACs gibt, ebenso wie es nicht nur einen einzigen psychologischen Test oder nur einen Managementtest gibt. Das AC ist der Sammelbegriff für alle Tests, die versuchen, das Verhalten eine Menschen zu erfassen.

Nach Untersuchungen über die Wirksamkeit dieser Auswahlmethode mußte leider auch hier festgestellt werden, daß sie an dem gleichen Leiden krankt wie der psychologische Test. Über ihren Wert und ihre Zuverlässigkeit ist kaum etwas bekannt; die Art und Weise ihrer Ausführung ist relativ gut, obwohl man auch darüber nicht viel weiß und die Normen keinerlei Anhaltspunkte geben, weil sie vor jedem Auswahlverfahren neu festgelegt werden. Die AC-Technik zeigt, wie die Psychologen das zu nennen pflegen, ein hohes Maß an «face validity», das heißt Vortäuschung falscher Tatsachen. Das AC gibt vor, eine Methode zu sein, die in der Lage ist, verläßlich zukünftiges Verhalten eines Managers vorherzusagen.

Vorläufig geben wir dem AC noch ein paar Pluspunkte. Die Methode ist relativ neu und noch nicht ganz den Kinderschuhen entwachsen. Die noch ausstehenden Untersuchungen über diese Methode werden zeigen, ob unsere Hoffnung zurecht besteht.

Zu Punkt 6: Intelligenz- und Analogientests

Die Psychologen sind der Auffassung, daß Intelligenztests, rein wissenschaftlich gesehen, zu den zuverlässigsten Tests überhaupt gehören. Wir werden später in diesem Kapitel auf den Sinn solcher Tests eingehen, wenn es darum geht, einen Manager auszusuchen. Wir geben Ihnen anschließend einen Überblick über die Qualität der bekanntesten Intelligenz- und Analogientests.

Qualitätsbeurteilung	Name des Tests				
	ABV	EPPS	GLTS	NPV	16 PF CATTELL
Ausgangspunkte	G	G	B	G	S
Prüfungsmaterial und Anleitung	G	G	G	B	G
Normen	S	G	S	S	G
Zuverläßigkeit	S	B	B	S	G
Wert	S	B	B	B	S
G = gut − B = befriedigend − S = schlecht					

(Quelle: Visser et al., 1982 in «Aanvullingen», 1987)

Zu Punkt 7: Tests, die Berufsinteressen betreffen

Hin und wieder machen Unternehmensberater Gebrauch von derartigen Tests. Weshalb? Weil sie nach Absprache mit dem Auftraggeber genau wissen möchten, wo Ihr Berufsinteresse liegt.

Das Angenehme bei einem solchen Test ist, daß Sie das Resultat praktisch selber bestimmen können. Sollte für eine bestimmte Position besonderes Interesse an administrativen und organisatorischen Fähigkeiten bestehen, was Sie ganz einfach den Fragen entnehmen können, dann liegen somit Ihre Interessen dort. So einfach ist das.

Es ist darüber Kritik laut geworden, daß diese Berufswahltests wenig neue Aspekte zeigen. Wir wollen sehen, wie gut sie in Wirklichkeit sind.

Qualitätsbeurteilung	Name des Tests				
	ABV	EPPS	GLTS	NPV	16 PF CATTELL
Ausgangspunkte	B	B	S	B	S
Prüfungsmaterial und Anleitung	G	G	G	B	B
Normen	B	S	G	S	S
Zuverläßigkeit	G	B	S	B	B
Wert	B	B	S	S	S
G = gut – B = befriedigend – S = schlecht					

(Quelle: Visser et al., 1982 in «Aanvullingen», 1987)

Zusammenfassend kann man sagen, daß die Ausgangspunkte dieses Tests in Ordnung sind und auch gegen ihren Aufbau nichts zu sagen ist. Aber diese Dinge sind zweitrangig. Worauf es in Wirklichkeit ankommt, sind die Normen, die Zuverlässigkeit und der Wert. Sie haben gesehen, daß es um die Normen nicht so gut bestellt ist; mit Ausnahme von ABIV und BZO wäre eine Änderung dringend notwendig hinsichtlich des Wertes dieser Tests.

Zu Punkt 8: klinische Tests

Hierbei handelt es sich um Tests, die Ihre geistige Gesundheit feststellen sollen. Sind Sie neurotisch, oder haben Sie vielleicht eine leichte Phobie? Leiden Sie an nicht erkanntem Verfolgungswahn? Haben Sie sexuelle Probleme? Ist Ihre Widerstandskraft nicht sehr groß? Es gibt Arbeitgeber, die sämtliche Risiken ausschließen möchten und Sie bis zum Äußersten testen wollen. Wir werden hierauf nicht weiter eingehen.

Zu Punkt 9: weitere Tests

Alle weiteren Tests sind nicht der Rede wert, weil sie ganz willkürlich für eine Managerauswahl verwendet werden. Dabei gibt es Kreativitätstests, Konzentrationstests und vieles mehr. Über ihre Qualität ist nichts bekannt und wenn, dann nur Negatives.

Es sieht somit nicht gut aus. Von wenigen Ausnahmen abgesehen, entsprechen diese Tests nicht den wissenschaftlichen Anforderungen.

TIP

Nehmen wir an, daß Sie mit dem Resultat Ihres Tests unzufrieden sind und nun gerne wissen möchten, wie gut die angewandten Tests sind. Sie können durch einen Vergleich mit anderen Tests erfahren, wie es sich mit deren Qualität und Wert verhält. Sie verfügen dann über etwas Munition, um eine eventuelle Klage zu untermauern. Bitte denken Sie aber daran, daß diese Qualitätsbeurteilungen nichts über die Auslegung des Psychologen aussagen und ebensowenig über die Relevanz der verwendeten Tests.

Irrelevante Tests:
die Rolle des Intelligenztests

Ein anderer kritischer Punkt ist, daß oft irrelevante Tests durchgeführt werden. Als Beispiel dafür nehmen wir den Intelligenztest. Wenn ein Unternehmen einen Manager sucht, der eine Verkaufsabteilung, einen Teilbereich eines Konzerns oder die Mitarbeiter eines Krankenhaus leiten soll, dann wird jemand gebraucht, der konkret definierte Aufgaben erfüllen muß. Er soll delegieren können, in der Lage sein, Konflikte rechtzeitig zu erkennen und auszuräumen und vieles mehr. Der IQ eines Menschen spielt hierbei keine Rolle. Wichtiger ist, wie wird der Manager die soeben erwähnten Aufgaben bewältigen?

Sollte Ihr zukünftiger Arbeitgeber trotzdem Informationen über Ihre Intelligenz haben wollen (die Frage stellt sich, was macht er damit?), dann haben Sie sicherlich Zeugnisse, die Hinweise darauf geben. Der IQ weist ja schließlich auch nur in eine bestimmte Richtung.

Trotzdem ist der Intelligenztest derjenige, der von allen psychologischen Tests, auch für die Auswahl eines Managers, am häufigsten angewandt wird. Es gibt Gründe, weshalb man sich einen intelligenten Manager wünscht: Man glaubt dann auf objektive Art und Weise die geistige Kapazität und die Entscheidungsfähigkeit von Menschen miteinander vergleichen zu können. Der «Verstand» eines Menschen wird durch eine Zahl festgelegt. Diese Zahl sagt den Erfolg (in der Schule, bei der Arbeit) voraus, und die Methode ist denkbar einfach. Das sind zunächst plausible Gründe. Wie aber sieht es in der Praxis aus? Wir werden ausführlich die wichtigsten Punkte behandeln, die gegen einen IQ-Test (bei Erwachsenen) sprechen.

1. Die Intelligenz ist ein hypothetischer Begriff. Niemand hat sie jemals gesehen, gehört, gerochen oder angefaßt – nicht einmal die Psychologen. Es gibt Dutzende von Definitionen des Begriffes «Intelligenz»: Trotzdem wissen wir nicht genau, was er bedeutet. Die Psychologen stört das nicht: Sie ziehen sich damit aus der Affäre, daß sie die Intelligenz als etwas definieren, was «durch einen Intelligenztest gemessen wird».

   Das bedeutet, daß jeder sogenannte Test die Intelligenz messen kann. Der Zusammenhang zwischen einem schriftlichen Test und der Lösung von Problemen ist ziemlich unklar. Diese überflüssigen Verschleierungstaktiken der Psychologen sind für den Bewerber nicht sehr vertrauenerweckend.

2. Der IQ ist nichts anderes als eine Schätzung (IQ bedeutet Intelligenz-Quotient) und hat eigentlich nur Gültigkeit bei Tests an Kindern. Vielfach besteht ein Spielraum von 15 Punkten nach oben oder nach unten, so daß zum Beispiel ein IQ von 120 in Wirklichkeit zwischen 105 und 135 liegt.

   Ein IQ von ca. 105 liegt dicht bei 100, was einem Hauptschulniveau gleichkommt, während 135 Universitätsbildungsstand bedeutet. Die Präzision dieser Testmethode ist derartig gering, daß es sinnlos ist, in Fachkreisen darüber zu diskutieren. Wenn Sie wissen, daß bei einem Testverfahren drei Hauptbuchhalter in engerer Wahl sind, deren IQ bei 115, 120 und 125 liegt, vereinfacht das Ihre Wahl? Würden Sie nicht einen Hauptbuchhalter vorziehen, der exakte Arbeit liefert und eine leitende Position ausfüllen kann?

3. Oft ist es absurd, einen Bewerber auf seinen IQ hin zu testen. Das nachstehenden Beispiel spricht für sich selbst: Einer der Klienten des Autors ist Geschichtslehrer mit jahrelanger Erfahrung in Unterricht und Schulmanagement.

   Als stellvertretender Direktor bewarb er sich um die Stelle des Direktors an seiner eigenen Schule. Drei Viertel des Prüfungstages bestanden darin, die Fragen des IQ-Tests zu beantworten. Wäre es nicht besser, die Führungsqualitäten dieses Mannes zu testen?

   Es ist eine bekannte Tatsache, daß kulturelle Minderheiten bei psychologischen Tests benachteiligt werden. Die testenden Psychologen streiten das auch nicht ab, wenn es auch schwierig sein mag, einen Spezialtest für Minderheiten zu verfassen

   Der IQ-Test stammt aus dem schulischen Bereich. Man merkt das an den berüchtigten Zahlenreihen. Je länger Ihr Schulbesuch zurückliegt, desto schwerer dürfte es Ihnen fallen, solche Aufgaben zu lösen (auch hier hilft rechtzeitiges und intensives Üben).

6. Testpsychologen sind der Auffassung, daß der IQ eine relativ exakte Definition der geistigen Kapazität eines Menschen darstelle. Sie wollen uns glauben machen, daß das IQ-Resultat nicht zu beeinflussen sei. Die Praxis hat jedoch bewiesen, daß Übung bei vielen Intelligenztestbereichen den Meister macht.

   Eine der häufigsten Fragen an den Bewerber lautet: Sind Sie schon früher getestet worden? Der naive Kandidat, der diese Frage ernsthaft bejaht und dazu noch erzählt, daß der letzte der drei Tests im vergangenen Jahr stattgefunden habe, wird vielleicht feststellen müssen, daß er damit kostbare Punkte verloren hat. Wenn also der Test angeblich nicht zu beeinflussen ist, weshalb wird dann eine solche Korrektur vorgenommen? Es ist übrigens statistisch erwiesen, daß der IQ höher wird, wenn man sich öfter einem Intelligenztest unterzieht (intelligenter wird man dabei natürlich nicht!). Viele Bewerber, die wiederholt solche Tests mitgemacht haben, werden das bestätigen können.

7. Das IQ-Ergebnis bzw. dessen Umschreibung in Worten beeindruckt den Bewerber nach einem langen Prüfungstag ganz besonders. Schon manche erfolgreichen Manager sind erschrocken, als sie die unerwartet niedrige Punktzahl erfuhren, und kamen sich dementsprechend dumm vor. Hat sich der Testpsychologe etwa geirrt? Das ist das ewige IQ-Trauma!

8. Was sagt der IQ nun wirklich über die Intelligenz eines Erwachsenen aus? Wenig! Ein amerikanischer Psychologe hat einmal behauptet, daß das soziale Niveau der Eltern mehr über den gesellschaftlichen Erfolg eines Menschen aussagt als sein eigener IQ. Ist das Unsinn oder Wahrheit?

9. Eine letzte Klage von getesteten Kandidaten: Beim Intelligenz- und eigentlich jedem Gruppentest wird man wie ein Kind behandelt. Der Testpsychologe als altmodischer und gestrenger Lehrer!

Wir plädieren somit dafür, daß die Bewerber sich in Zukunft nicht mehr diesem sinnlosen Test unterziehen müssen. Sie sollen ausschließlich auf das Wissen und auf die Fähigkeiten hin geprüft werden, die in engem Zusammenhang mit ihrer zukünftigen Aufgabe stehen.

Der Mißbrauch von Tests

Aus persönlichen Gesprächen mit Betroffenen hat der Autor erfahren, daß Unternehmen hin und wieder über das Testverfahren versuchen, einen Mitarbeiter loszuwerden. Der mißliebige Angestellte wird zum Beispiel im Rahmen einer internen Betriebsreorganisation oder aus Versetzungsgründen gebeten, sich einem Test zu unterziehen. Es kann vorkommen, daß man ihn mit sanfter Gewalt dazu drängt. Vom Betroffenen wird erwartet, daß er sich bei einem Unternehmensberater einfindet. Ob in diesem Zusammenhang auch Beratungsstellen eine Rolle spielen, ist nicht ganz klar. Es ist bekannt, daß man versuchen wird, soviel wie nur eben möglich an Wissenswertem über den Mitarbeiter in Erfahrung zu bringen; hüten Sie sich also vor dieser Art von Auswahlmethoden und sogenannten Berufswahluntersuchungen.

> **TIP**
>
> Sollten Sie schon lange Jahre in einem Angestelltenverhältnis stehen und will man Sie aus irgendwelchen Gründen, egal wie wichtig oder nützlich sie auch scheinen mögen, testen lassen, dann weigern Sie sich bitte, denn die Möglichkeit ist groß, daß eine solche Untersuchung gegen Sie verwendet wird, selbst wenn das ursprünglich nicht die Absicht war. Als Gegenargument können Sie anführen, daß Ihr Chef oder die Firma Sie nach all den Jahren gut genug kennen müßte.

Die Situation sieht selbstverständlich anders aus, wenn man nach gemeinsamen Überlegungen übereingekommen ist, sich im Guten zu trennen. Wir denken dabei an die Outplacement-Möglichkeit, bei der versucht wird, dem scheidenden Manager so schnell wie möglich eine neue und adäquate Stelle zu vermitteln. Der Arbeitnehmer weiß, daß Berufswahluntersuchung und Test hier zu seinen Gunsten als Hilfsmittel eingesetzt werden, und beide Parteien können sich im Guten trennen.

Verbesserung der Auswahlmethoden: Aufgaben für drei Parteien

Es ist anzunehmen, daß das Phänomen Test nicht nur von Personalabteilungsleitern, sondern auch von Bewerbern und hoffentlich von Unternehmensberatern etwas kritischer betrachtet werden wird. Wir glauben, daß der Bewerberauswahl mit Hilfe von Tests im Zusammenhang mit der derzeitigen Konjunktur noch zunehmen wird. Auf die Dauer jedoch werden die heutigen Tests verschwinden zugunsten des Assessment-Centers und neuerer Verhaltensmethoden und Techniken, die von allen Beteiligten leichter zu beurteilen sein werden. Vielleicht ist das die Chance für etwas mehr Klarheit und vielleicht sogar Ehrlichkeit.

Die Problematik um die Auswahl eines Managers bleibt natürlich bestehen – vielleicht aber ändert sich die Lösung.

Natürlich müssen sich daran alle drei Mitspieler beteiligen: der Bewerber, der Arbeitgeber und der Unternehmensberater. Von anderer Seite brauchen wir keine Hilfe zu erwarten. Trotz ausführlicher Gutachten ist der Bewerber immer noch Freiwild. Der Markt muß selbst eine Lösung seiner Probleme finden. Was also könnte man tun?

Die Personalabteilung sollte daran denken, mehr Gebrauch von den Aussagen und Resultaten der Tests zu machen, mit denen sie den Unternehmensberater beauftragt hat. Der Leiter der Personalabteilung sollte sich weiter vorwagen und sich mehr auf seine eigenen Fähigkeiten, Kenntnisse, Ideen und Einsichten verlassen. Außerdem sollte dieser Manager seine Hausaufgaben besser machen (ein gutes Anforderungsprofil des Bewerbers mit sämtlichen Kriterien), um den Unternehmensberater ausführlicher informieren zu können. Wenn Qualität erwünscht ist, muß dafür bezahlt werden. Je mehr Daten dem Unternehmensberater über einen Bewerber zur Verfügung stehen, desto besser kann er sie mit den Anforderungen des Unternehmens vergleichen und dadurch zu einer besseren Auswahl gelangen. Eigentlich sollten sich die großen Unternehmen mit Universitäten und Unternehmensberatern an einen runden Tisch setzen und eine Stiftung gründen, die sich mit grundsätzlichen Untersuchungen zur Verbesserung von Auswahlmethoden beschäftigt. Die Behörden und Gewerkschaften können sich gerne daran beteiligen.

Was können Unternehmensberater ändern? Wie schon gesagt, sollten sie Gelder beschaffen, um grundsätzliche Untersuchungen mit ihren Partnern zu ermöglichen. Ferner sollten sie nicht auf einen Wink von oben warten, sondern die eigene Leistung selbst untersuchen und die bisher angewandten Methoden verbessern. Außerdem sollten sie zum einen die Auftraggeber um ausführlichere Exposés bitten und zum andern sowohl die Bewerber als auch die Auftraggeber gut beraten, was bisher leider immer unterblieben ist.

Dieses aber würde bedeuten: Schluß mit der Magie! Schließlich müßten dann auch gewisse Aufträge abgelehnt werden, zum Beispiel wenn es um eine anstehende Kündigung oder um einen fragwürdigen Stellenwechsel ginge.

Auch der dritte Mitspieler muß sich beteiligen: Die Bewerber sollten eine kritischere Haltung einnehmen und nicht alles für bare Münze nehmen. Sie müssen sich auf das Bewerbungsgespräch vorbereiten und sich gegen den Testvorgang wappnen: Man stürzt sich ja auch nicht ohne zu üben in eine Reiterprüfung! Sollte man mit den Testmethoden nicht zufrieden sein, dann sollte man nicht schweigen, sondern seine Meinung dazu äußern. Beschweren Sie sich beim Arbeitgeber oder beim Unternehmensberater!

Sollten Tests anhand ihrer sichtbar schlechten Qualität keinen guten Ruf haben, dann kann das eine negative Wirkung auf den Arbeitgeber haben, der durch sie seine Kandidaten testen läßt. Sollte dieser neue Trend sich durchsetzen, dann werden vielleicht nach und nach die Hinweise auf die Möglichkeit eines psychologischen Tests als Teil des Auswahlverfahrens aus den Personalanzeigen verschwinden.

Kapitel 3:
Welche Arten
von Tests gibt es?

Einleitung

Aufgaben und Fälle: Wir haben bereits festgestellt, daß Managementtests sich nicht durch besonders hohe Qualität auszeichnen. Das könnte geändert werden, liegt aber außerhalb der Kompetenzen dieses Buches. Ebenso gilt das für die Aufgaben, die der Unternehmensberater den zukünftigen Manager lösen läßt.

Nun haben wir Verständnis dafür, daß man den Bewerbern konkrete Aufgaben stellt, wenn auch ihr Wert ziemlich niedrig anzusetzen ist. Der Grund dafür liegt darin, daß es für diese Methoden keinen festgelegten Standard und keine Normen gibt, zum Beispiel welche Antworten richtig und wie viele Punkte sie wert sind. In welchem Zusammenhang steht das Testergebnis eines Managers zu dem anderer auf gleichem Niveau getesteter Kandidaten? Wie bereits erwähnt, gibt es keine grundsätzliche Forschung auf dem Gebiet der Qualitätsmaßstäbe sowie über deren Zuverlässigkeit und deren Wert. Dazu kommt noch das Problem der Verallgemeinerung oder, wenn man so will, der Relevanz.

Wir möchten hier folgende Frage aufwerfen: Ist ein Manager, der laut Unternehmensberater auf die anschließend beschriebenen Fälle befriedigende Antworten gibt, auch ein tüchtiger Mitarbeiter? Können wir feststellen, wie genau diese Aufgaben das zukünftige Verhalten eines Menschen voraussagen?

Dennoch – die Überlegungen zu diesen Fragen werden Sie in der konkreten Testsituation beim Unternehmensberater nicht weiterbringen. Wichtig für Sie ist zunächst: Welche Aufgaben erwarten Sie, und wie müssen Sie bei ihrer Bewältigung vorgehen?

Aufgaben und Fallbeschreibungen

Als erstes werden Sie auf den folgenden Seiten eine Auswahl von Aufgaben und Fallbeschreibungen finden. Viele Unternehmensberater entwickeln ihre Tests selbst, ohne sie zu veröffentlichen. Es ist somit nichts über ihren Inhalt, ihre Qualität, geschweige denn über ihre voraussagende Wirkung bekannt.

Die Aufgaben, die mehr ins Kaufmännische gehen, finden Sie übrigens in Kapitel 6; etwas Rechenarbeit kann damit verbunden sein.

Zu Ihrer Orientierung: Die Tips, die wir Ihnen in diesem Kapitel zu den Aufgaben geben, können Sie auch für andere Fälle gebrauchen.

TIP

Überfliegen Sie zuerst Ihre Aufgabe: Sie können sich dann ungefähr vorstellen, um was es geht. Lesen Sie anschließend Ihren Text nochmals durch, aber dieses Mal sehr genau und mit sämtlichen Einzelheiten. Danach lesen Sie Ihre Aufgabe zum dritten Mal durch, indem Sie das Wesentliche unterstreichen und sich dazu Notizen machen. Haben Sie jetzt Ihre Aufgabe verstanden? Dann befassen Sie sich mit den Fragen; haben Sie diese verstanden? Merken Sie sich, über wieviel Zeit Sie verfügen, und legen Sie Ihre Uhr neben sich (Bewerber mit einem Wecker haben es leichter; sie stellen ihn entsprechend ein). Zu Ihrer Information: der aufsichtführende Assistent wird Ihnen, trotz Ihrer Bitten, keine Extra-Auskünfte geben. Sie sind völlig auf sich selbst angewiesen.

Aufgabe: Schildern Sie ein besonderes Ereignis

Eine große Unternehmensberatung verwendet diese ziemlich vage gehaltene Aufgabe, deren Anleitung folgendermaßen lautet: Sie sollen eine Situation, die Ihnen sehr nahe ging und vielleicht im Zusammenhang mit Ihrer Arbeit stand, beschreiben. Sollten Sie noch nicht in einem Angestelltenverhältnis stehen, dann können Sie auch eine Begebenheit aus Ihrer Ausbildungszeit oder Studienzeit beschreiben. Sollten Sie diese Frage nicht beantworten können, schildern Sie bitte ein Einstellungsgespräch, einen Ausschnitt davon, oder beschreiben Sie ein Unternehmen.

Die zur Verfügung stehende Zeit spielt eine Rolle: «Im allgemeinen benötigt man für diese Aufgabe eine halbe Stunde. Es steht Ihnen aber frei, länger zu arbeiten.»

Um was geht es bei dieser scheinbar so leichten Aufgabe? Der Personalberater hält seine Fragen absichtlich vage. Das gilt auch für die Ihnen zur Verfügung stehende Zeit, denn man interessiert sich für folgendes:

- Welches Ereignis hat Sie beeindruckt und weshalb? Klingt Ihre Erzählung einleuchtend?

- Wie ist Ihr Stil? Wie der eines Erwachsenen?

- Wie gut sind Ihre Ausdrucksmöglichkeiten?

- Können Sie Wichtiges von Unwichtigem unterscheiden?

- Drücken Sie sich klar aus?

- Wie steht es um Ihre Sprachkenntnisse? (Rechtschreibung, Zeichensetzung, Grammatik?)

- Sind Sie kreativ? Sind Sie ein scharfer Beobachter? Fallen Ihnen originelle, ausgefallene Dinge auf?

- Welche Rolle spielen Sie selber in Ihrer Beschreibung? (Spielen Sie die Hauptrolle, sind Sie der objektive Berichterstatter, oder stehen Sie nur am Rande?)

- Wie beschreiben Sie sich selbst? Gestehen Sie sich Führungsqualitäten zu, oder sehen Sie sich als Mitarbeiter oder Mitläufer?

- Wie sieht Ihre Arbeitsweise aus, und wie ist Ihr Führungsstil?

- Denken Sie erst darüber nach und machen sich Notizen? Entwerfen Sie Ihre Geschichte, bevor Sie anfangen oder während des Schreibens? Machen Sie ein Konzept? Werden Sie nervös, haben Sie Schreibängste, oder stürzen Sie sich ohne groß nachzudenken auf Ihre Aufgabe?

- Wie gehen Sie mit Ihrer Zeit um? Kommen Sie damit zurecht, kurzum, wie managen Sie Ihre Zeit?

Sollte man Ihnen diese oder eine ähnliche Aufgabe stellen, dann sollten Sie folgendes beachten, es sei denn, Sie wollen in die gestellte Falle laufen.

- **Thema:** «Ein sachlicher Bericht über Ihre Arbeit.» Richten Sie ihn auf die Art der Arbeit aus, die Sie anstreben, und weswegen Sie eben diesen Test machen.

- **Ihre Rolle:** Betonen Sie Ihre führende Rolle in dieser Aufgabe. Sollte Ihnen das schwerfallen, dann sprechen Sie über Kreativität. Stellen Sie Ihr Licht nicht unter den Scheffel! Sie sollen sich auf keinen Fall als harmlosen Zuschauer darstellen.

- **Stil:** Schreiben Sie klar und deutlich, bleiben Sie logisch, und gehen Sie sparsam mit «ich» um.

- **Rechtschreibung/Grammatik:** Achten Sie auf Ihre Sprache! Betrachten Sie diese Aufgabe als einen wichtigen Prüfstein, und lesen Sie am Schluß Ihren Bericht sehr genau durch.

- **Ausdrucksweise:** Drücken Sie sich klar und deutlich aus, indem Sie Ihren Wortschatz variieren. Machen Sie Gebrauch von Synonymen und hin und wieder von einem schwierigen Fremdwort.

- **Zeit:** Versuchen Sie, innerhalb der vorgegebenen Zeit fertig zu sein – möglichst noch etwas früher –, immer vorausgesetzt, daß die Qualität Ihres Berichtes nicht darunter leidet.

TIP

Denken Sie daran, daß der Psychologe bei einem späteren Gespräch jederzeit auf diese Aufgabe zurückkommen kann. Er kann Sie zum ganzen Bericht oder zu Einzelheiten daraus befragen.

Aufgabe: Umgang mit einer Beschwerde

Diese Aufgabe hat die folgende Vorgeschichte: Der Assistent des Betriebsleiters einer Instrumentenfabrik in A., ein Herr B., informierte einen seiner Abteilungsleiter darüber, daß ein bestimmter Auftrag eines wichtigen Kunden Priorität hätte. Einige Zeit später, die Lieferfrist war inzwischen um sechs Tage überschritten, erhielt die Firma von ihrem Kunden folgendes Schreiben:

Sehr geehrte Damen und Herren,

Sie werden sich erinnern, daß wir für die Forschungsabteilung unserer Firma eine Anlage gemäß Zeichnung B 19-107 bestellt hatten, zusammen mit zwei Ersatzteilen, die in Ihrem Katalog unter 9 L. 52.b.5 aufgeführt sind. Dort ist ebenfalls vermerkt, daß diese Ersatzteile vorrätig sind.

Als erstes möchte ich mich auf die Anlage B 19-107 beziehen. Wir kommen mit unseren Untersuchungen nicht weiter, weil Sie unsere Abmachungen nicht einhalten. Herr B. hatte uns fest versprochen, die Apparatur innerhalb von drei Wochen zu liefern. Wir sind diese Art von Unzuverlässigkeit nicht gewohnt. Unser Arbeitsablauf ist dadurch verzögert worden: Das bedeutet für uns finanziellen Verlust.

Wir sehen uns daher veranlaßt, den Auftrag zu annullieren und ihn der Firma R. in L. zu erteilen. Die Höhe unserer Schadenersatzansprüche werden wir Ihnen zu gegebener Zeit mitteilen.

Hochachtungsvoll

Nun kommt Ihre Aufgabe:

A. Was soll der Assistent des Betriebsleiters tun?
B. Beantworten Sie den Brief.
C. Welche Überlegungen liegen Ihrer Antwort zugrunde?

Zeit: Für diese Aufgabe stehen Ihnen etwa 45 Minuten zur Verfügung. Sollten Sie mehr Zeit benötigen, so steht Ihnen das selbstverständlich frei. Ist diese Aufgabe schwierig? Haben Sie schon eine Vorstellung davon, wie Sie vorgehen werden? Wir haben nicht vor, diese Aufgabe für Sie zu lösen, aber wir werden Ihnen den Weg zeigen.

Sie sollten folgende Punkte beachten, die in der dem Brief vorangehenden Beschreibung aufgeführt sind. Es handelt sich

- um einen wichtigen Kunden,

- dem man Priorität eingeräumt hatte,

- und die Lieferzeit ist überschritten.

Als Assistent des Betriebsleiters hatten Sie ein Versprechen gegeben. War Ihnen bewußt, daß Sie es nicht erfüllen konnten? Oder liegt die Schuld woanders?

1. Sie müssen sich ein Ziel setzen. Was wollen Sie erreichen? Es geht um einen wichtigen Kunden, den die Firma nicht verlieren möchte. Somit werden Sie sich entschuldigen müssen. Was nun diese Lieferung anbetrifft, so müssen Sie Ihr Äußerstes versuchen, die Sache wieder ins Lot zu bringen. Zu Ihren Aufgaben gehört auch, daß ein solcher Fehler bei diesem Kunden nie wieder passiert. Welche Maßnahmen kann man treffen, und wie erklären Sie es dem Kunden? Es wäre sicherlich ratsam, mit ihm ein persönliches Gespräch zu führen, um die Angelegenheit aus der Welt zu schaffen.
2. Sie versuchen herauszufinden, was innerhalb der Firma schiefgelaufen ist. Wen trifft die Schuld? Welche Abläufe müssen geändert werden? Wie kann man die Kommunikation verbessern, um in Zukunft solche Probleme zu vermeiden?
3. Sie müssen sich mit den Mitarbeitern auseinandersetzen und Ihre Führungsqualität unter Beweis stellen.
4. In Ihrem Brief an den Kunden sollten Sie die Verantwortung für den Vorfall übernehmen. Sie waren ja schließlich die Kontaktperson. Schieben Sie nicht die Schuld auf Ihre Kollegen, und greifen Sie auch nicht zu überflüssigen Ausreden, wie «der Computer brach zusammen», «viele Krankheitsfälle in der Firma», «die Mitarbeiter sind heutzutage alle faul» oder «es war nicht meine Schuld». Denken Sie daran, daß diese Probleme, wenn sie vorhanden sind, die Ihrer Firma sind und nichts mit Ihrem Kunden zu tun haben. Belasten Sie ihn deshalb nicht damit.

5. Achten Sie im übrigen, wie schon gesagt, auf Ihren Stil, auf die Grammatik, und behalten Sie die Zeit im Auge. Sollten Sie eine ganze Stunde für die gestellte Aufgabe benötigen, dann zeigt das, daß Sie keine Erfahrung haben. Außerdem wird man Sie als ziemlich teuren Manager abstempeln.

> **TIP**
>
> Wir haben Sie bisher mit zwei sehr unterschiedlichen Aufgaben vertraut gemacht. Was hindert Sie jetzt daran, diese beiden Fälle zu Hause in aller Ruhe auszuarbeiten? Bitte seien Sie kritisch mit Ihrem Ergebnis!

Aufgabe: Arbeitseinteilung

Wir geben ein Beispiel: In einer Klinik arbeiten zwei Ärzte von 9 bis 12.30 Uhr. Die Patienten müssen von beiden getrennt behandelt werden. Die Patienten müssen eine halbe Stunde lang Turnübungen machen. Dafür stehen aber nur zwei Geräte zu Verfügung. Nach diesen Übungen sind die Patienten gezwungen, sich eine halbe Stunde auszuruhen.

Wie lautet Ihre Aufgabe? Sie sollen versuchen, eine Einteilung zu finden, nach der so viele Patienten wie möglich bei beiden Ärzten an die Reihe kommen können.

Aufgabe: Pockenimpfung

Diese Aufgabe ist ziemlich beliebt: Sie müssen angeben, ob Sie mit folgender Darstellung einverstanden sind. Sie müssen Ihre Meinung natürlich klar darlegen (denken Sie dabei an unsere Ratschläge). «An der Pockenimpfung sterben mehr Menschen als an der Krankheit selbst. Die Schlußfolgerung liegt nahe, daß man diese Impfung verbieten sollte.»

Kaufmännische Aufgaben und Fallbeispiele finden Sie in Kapitel 6. Wir zeigen Ihnen aber jetzt schon ein Beispiel:

Aufgabe: Schuhcreme

Sie sind als Marketing-Manager bei einer Schuhcremefabrik angestellt. Ihre Firma hat eine neue synthetische Creme entwickelt, die Sie nun vertreiben sollen. Einer Ihrer Konkurrenten war damit bereits vorher auf dem Markt; sein Produkt wurde jedoch inzwischen aus dem Verkehr gezogen. Trotzdem ist der Einzelhandel noch voll mit diesem Konkurrenzprodukt eingedeckt. Man spricht also nicht sehr begeistert auf Ihr neues Produkt an.

Was machen Sie nun?

Einige Hinweise:

1. Betreiben Sie Marktforschung, und versuchen Sie, zu analysieren, was die Konkurrenz falsch gemacht hat.
2. Gibt es weitere kreative Möglichkeiten, zum Beispiel alte Vorräte aufzukaufen?

Der SIW- und der SPW-Test

Es gibt Personalberater, die bei der Auswahl eines Managers gelegentlich einen sogenannten Wertungstest durchführen. Dieser wird übrigens auch bei Berufswahl und Stellenwechsel angewandt. Folgender Gedanke steht dahinter: jeder Mensch hat eigene, individuelle Wertvorstellungen, nach denen er versucht zu leben. Es geht um wesentliche Dinge, zum Beispiel persönliche Freiheit, Demokratie, sich an Regeln halten, Freundschaften mit einsamen Menschen zu pflegen usw.

Wir möchten etwas näher auf folgende Tests eingehen, die relativ oft neben- und durcheinander verwendet werden, um einen Manager zu testen:

SIW testet Maßstäbe für zwischenmenschliche Beziehungen, versucht Dinge zu erfassen, die im täglichen Leben wichtig sind und denen man ein Vorrecht einräumen möchte. Wenn man die Wertvorstellungen eines Menschen nach diesem Test kennt, vermeint man ableiten zu können, was ihn motiviert und weshalb er sich so verhält. Der SIW-Test bezieht sich vor allem auf den gesellschaftlichen Umgang – daher der Ausdruck «zwischenmenschlich».

Er umfaßt folgende sechs Faktoren:

- Gesellschaftliche Unterstützung: ermutigt und vernünftig behandelt werden.

- Anpassungsfähigkeit: den Regeln nach handeln. Tun, was von der Gesellschaft erwartet wird.

- Anerkennung: Ansehen genießen und bewundert werden.

- Unabhängigkeit: frei sein in den eigenen Beschlüssen.

- Altruismus: Mitgefühl für die Umwelt zeigen.

- Führungsqualität: anleiten und Druck ausüben können.

Mit diesem Test wird also versucht, gewisse Fähigkeiten festzustellen. Durch die Fragestellung können Sie leicht feststellen, um welche Eigenschaften es geht.

Bei diesem schriftlichen Gruppentest (Dauer: 20 Minuten) müssen Sie von drei Begriffen einen auswählen und dabei immer angeben, welcher für Sie der wichtigste und welcher der unwichtigste ist. Ein Feld bleibt immer leer, das für den neutralen Begriff.

Der SIW-Test besteht aus 30 sogenannten Triaden, das heißt Dreiergruppen, bestehend aus drei Behauptungen. Auf der darauffolgenden Seite geben wir einige Beispiele, damit Sie wissen, was auf Sie zukommt:

	Wertung
	höchste niedrigste
• Frei sein in meinen Entscheidungen • Erfahren, daß andere mit mir einig gehen • Freundschaften schließen mit Menschen, die kein Glück hatten	
• Umgang mit bekannten Leuten • Meine Aufmerksamkeit ausschließlich auf meinen Auftrag richten • Viel Einfluß ausüben	
• Genauso leben können, wie ich mir das vorstelle • Meine Pflicht tun • Erfahren, daß andere mir verständnisvoll entgegenkommen	
• Frei sein in meinem Entschluß, zu gehen und stehen, wo ich will • Armen und Bedürftigen helfen • Meine Vorgesetzten respektieren	
• Sehr beliebt sein bei anderen Menschen • Mir die Freiheit nehmen zu können, mich je nach Wunsch an die Regeln zu halten oder auch nicht • Mich in einer Position befinden, die es mir ermöglicht, anderen zu sagen, was sie zu tun haben	

Diese sechs Wertungen zeigen Ihnen, aus welcher Ecke der Wind weht. Haben Sie übrigens gemerkt, daß sich in den verschiedenen Dreierkombinationen die Behauptungen überschneiden?

TIP

Achten Sie darauf, daß Ihre Antworten gleichlautend bleiben: Sollten Sie sich für eine leitende Position bewerben, dann sollten Sie unbedingt immer die Antwort ankreuzen, die zeigt, daß Sie Menschen gerne mögen.

Der Unternehmensberater wertet Ihre Aufgaben wie folgt aus: Sie bekommen zwei Punkte für die höchste Wertung, einen Punkt für die neutrale Antwort und keinen Punkt für die niedrigste Wertung. Die Höchstzahl liegt bei 30 Punkten, und damit hätten Sie sehr gut abgeschnitten. Für die härteren Manager unter Ihnen ist es wichtig, sich viele Punkte zu holen bei «Führung», «Unabhängigkeit» und «Anerkennung». Altruismus wäre nicht so gut.

Für diejenigen, die Näheres über diesen Test erfahren möchten: Er stammt aus den Vereinigten Staaten und wird seit 1966 in Europa verwendet. Seine Zuverlässigkeit und sein Wert sind befriedigend. Leider gilt dieses nicht für die Ausgangspunkte des Testaufbaus und die dazugehörenden Normen.

Der SPW-Test, mit dem SIW näher verwandt, prüft Ihre persönlichen Werte. Jeder Test bezweckt jedoch etwas anderes:

SIW	SPW
Soziale Unterstützung	Sachlichkeit
Anpassungsfähigkeit	Motivation der Leistungsfähigkeit
Anerkennung	Flexibilität
Unabhängigkeit	Entschlußfreudigkeit
Altruismus	Unabhängigkeit
Führungsqualität	Ordnung und Anstand
	Zielsetzung

Der SPW ist dem SIW-Test ähnlich. Auch hier werden wir Ihnen fünf Beispiele zeigen, anhand derer Sie sich eine Vorstellung davon machen können, was auf Sie zukommt:

	Wertung	
	höchste	niedrigste
• Eine schwierige Arbeit machen • Ein klares Ziel vor Augen haben • Ordnung in meinen Angelegenheiten haben		
• Mir meine Ziele klar vor Augen halten • Zuerst meine Zeit einteilen • Mit Überzeugung handeln		
• Eine schwierige, aber fesselnde Aufgabe übernehmen • Neue, interessante Orte besuchen • Ein klares Ziel vor Augen haben, auf das hin meine Arbeit gerichtet ist		
• Das Ungewöhnliche erleben • Mein Geld richtig anlegen • An einem schwierigen Problem arbeiten		
• Meine Arbeit systematisch angehen • Einen Beschluß fassen und dabei bleiben • Mein Hab und Gut ordentlich verwalten		

Über den SPW-Test gäbe es noch folgendes zu sagen:

Obwohl er seit 1970 in Gebrauch ist, steckt er immer noch in den Kinderschuhen, was die Personalberater aber nicht davon abhält, ihn an den Bewerbern auszuprobieren.

TIP

Nur durch einen schriftlichen Wertungstest sind Ihre ganz persönlichen Qualitäten und die Art und Weise, wie Sie motiviert sind, natürlich nicht festzustellen. Achten Sie darauf, daß Sie sich hierüber während des persönlichen Gespräches mit dem Psychologen unterhalten können. Vielleicht ist man auch daran interessiert zu erfahren, wie ehrlich Ihre Antworten im Test waren.

Der VOT-Test

Der VOT-Test ist Teil des «management inventory»; dieser Multiple-choice-Test besteht aus zwölf recht allgemein gehaltenen Entscheidungen, wie Sie als Manager Ihr Umfeld überzeugen können. Sie können jedesmal die richtige Antwort aus drei, vier oder fünf Möglichkeiten wählen.

Die kurze Anweisung zu diesem Test lautet: Durch die nachstehend aufgeführten Fragen soll festgestellt werden, wie gut Sie andere Menschen überreden oder überzeugen können. Kreuzen Sie bei der Frage die Antwort an, die Ihrer üblichen Ausdrucksweise am nächsten kommt. Es kann vorkommen, daß keine der Antworten Ihre eigene genau wiedergibt; suchen Sie sich dann diejenige aus, die der Sache am nächsten kommt. Übergehen Sie bitte keine der Fragen!

Hier sind einige Beispiele, die Ihnen einen guten Einblick in den Test geben werden:

- Ich erkläre jemand eine Idee oder mache einen Vorschlag:

> A. Erkundige ich mich, ob er Fragen dazu hat?
> B. Frage ich ihn nach seiner Reaktion?
> C. Fasse ich die wesentlichen Vorzüge meiner Idee nochmals zusammen?

- Den meisten Menschen gelingt es nicht, ihre Ideen zu verkaufen, weil sie:

> A. zu wenig Erfahrung in Beeinflussungstaktik haben.
> B. ihre Vorstellung nicht systematisch entwickelt haben.
> C. nicht in der Lage sind, die Bedürfnisse des anderen zu erkennen.

- Wenn ich versuche, einen Einwand gegen eine meiner Ideen oder Vorschläge zu widerlegen,

A. frage ich, weshalb man Einwände hat.
B. neutralisiere ich den Einwand dadurch, daß ich versuche, die positiven Seiten meiner Idee nochmals zu betonen.
C. gehe ich zu einem anderen Punkt über, mit dem ich vielleicht eher Anklang finde.

- Wenn schon zu Beginn einer Diskussion jemand eine Meinung äußert, die von meiner Vorstellung abweicht,

A. widerlege ich ihn kritisch.
B. bitte ich die anderen Teilnehmer, jeden Vorschlag sorgfältig abzuwägen.
C. enthalte ich mich der Stimme und nehme eine wohlwollende Haltung ein.
D. gebe ich ihm die Möglichkeit, die Gründe für seine Auffassung darzulegen.

Haben Sie schon eine Vorstellung, welche Antworten auf die richtige Überzeugungstaktik bei Mitarbeitern zutreffen?

Beim Ausfüllen dieses Tests wäre es ratsam, daran zu denken, daß man die Menschen auf freundliche, entgegenkommende, aber doch wirksame Art überzeugen soll. Das bedeutet einerseits, daß Sie auf die Gefühle anderer Rücksicht nehmen müssen, andererseits aber, daß Sie nicht zu nachgiebig sein dürfen, sonst sind Sie sehr wahrscheinlich nicht zum Manager geeignet.

Der SVL-Test

Dieser Test besteht aus 20 Fragen, die man durch Ankreuzen folgender Begriffe beantworten soll: immer, oft, manchmal, selten oder nie. Die Anweisung zum Test lautet: die nachstehenden Fragen gehen auf bestimmte Aspekte der Führungsposition ein. Beantworten Sie jede Frage so, als ob Sie die Führungskraft wären, die einer Arbeitseinheit, Gruppe oder Abteilung Anweisungen gibt.

Nachstehend eine Frage aus diesem Test:

- Wenn ich in einer Gruppe die Führungsposition innehabe, werde ich

  A. sehr wahrscheinlich auch Sprecher dieser Gruppe sein,
  B. den Ablauf gleicher Verfahren befürworten,
  C. mein Umfeld zu größeren Leistungen anregen,
  D. entscheiden, was getan werden muß und wie es getan werden muß,
  E. Druck ausüben, um die Produktion zu vergrößern.

Sie brauchen nichts zu schreiben, es genügt wenn Sie den Buchstaben Ihrer Antwort umkreisen.

Mit dem SVL soll nach drei Gesichtspunkten beurteilt werden, wie Sie von Ihrer Führungsposition aus mit der Gruppe umgehen:

- Wie bestimmen Sie Ihr Ansehen?

- Wie setzen Sie die Gruppe unter Druck?

- Wieviel Freiheit geben Sie Ihrem Umfeld?

Können Sie schon feststellen, welche Fragen wohin zielen? (A stellt fest, wie Sie das Ansehen der Gruppe einschätzen, B erfaßt den Druck, den Sie ausüben. Das gleiche gilt für C. D beurteilt die Ihnen zugestandene Freiheit und E den Druck.)

Bei diesem Test gibt es keine perfekten Antworten. Es kommt sehr darauf an, wo und in welcher Umgebung Sie Ihre Führungsposition ausüben werden. Wie schon mehrmals wiederholt, ist es aus diesem Grund wichtig, genau zu wissen, was Ihr zukünftiger Arbeitgeber von Ihnen erwartet und welche Gruppen Sie leiten werden. Handelt es sich um ein ruhiges Beamtendasein oder um ein Unternehmen, daß durch Sie vor dem sicheren Untergang gerettet werden soll?

Der LPC-Test

LPC heißt «Least Preferred Co-worker». Dieser Test ist das Resultat ausgeklügelter Theorien und stammt aus Amerika. Er ist unter verschiedenen Namen bekannt (u. a. MGM): die jeweiligen Hinweise und Fragen werden somit nicht immer die gleichen sein.

Zu diesem Test lautet die Anleitung: Denken Sie an die Person, mit der Sie am schlechtesten zusammenarbeiten können. Es kann sich um jemanden handeln, mit dem Sie kürzlich noch zusammen gearbeitet haben – es kann sich aber auch um jemanden handeln, den Sie früher gekannt haben. Es braucht sich nicht um den Menschen zu handeln, den Sie am wenigsten mögen, sondern es soll sich um die Person handeln, mit der Sie die größten Schwierigkeiten hatten beim Ausführen eines Auftrages. Beschreiben Sie diese Person, so wie Sie sie sich vorstellen, indem Sie in der untenstehenden Tabelle jeweils eine Zahl einkreisen. Lassen Sie nichts aus!

Haben Sie die Anleitung verstanden? Dann geben wir Ihnen jetzt einige Beispiele (Sie müssen im Test jeweils eine der acht Zahlen anstreichen):

Unternehmerisch	1	2	3	4	5	6	7	8	Nicht unternehmerisch
Harter Arbeiter	1	2	3	4	5	6	7	8	Kein harter Arbeiter
Kurz angebunden	1	2	3	4	5	6	7	8	Nicht kurz angebunden
Unzuverlässig	1	2	3	4	5	6	7	8	Zuverlässig
Nicht begeisterungsfähig	1	2	3	4	5	6	7	8	Begeisterungsfähig
Unsystematisch	1	2	3	4	5	6	7	8	Systematisch
Zielgerichtet	1	2	3	4	5	6	7	8	Nicht zielgerichtet
Kann delegieren	1	2	3	4	5	6	7	8	Kann nicht delegieren
Kann planen	1	2	3	4	5	6	7	8	Kann nicht planen

Können Sie 30 dieser Fragen in einer Viertelstunde beantworten?

Durch den LPC-Test kann Ihr Führungsstil erfaßt werden, das heißt, daß das Ergebnis zwischen Ihrer Motivation für neue Aufgaben einerseits und Ihrer gesellschaftlichen Motivation andererseits liegen wird. Ersterer Begriff steht dafür, daß Sie die Ausführung Ihrer Aufgaben an erste Stelle setzen, weshalb man Sie vielleicht hart oder autoritär nennen wird. Wenn Sie gesellschaftlich motiviert sind, dann bedeutet das, daß Sie großen Wert auf gesellschaftliche Verbindungen und Beziehungen legen.

Der WIMAS-Test

Dieser Persönlichkeitstest ist ausschließlich für Manager gedacht. Seine Normen, sein Wert und seine Zuverlässigkeit sind noch kaum bekannt. Er versucht festzustellen, ob Sie ein «Firmenmanipulator» sind. Das soll jedoch nicht heißen, daß Sie Ihrem zukünftigen Arbeitgeber in irgendeiner Form zu nahe treten.

WIMAS steht für Manipulationsmaßstab: Dieser Test besteht aus 75 Fragen, und Sie sollen sagen, in welchem Umfang sie auf Sie zutreffen. Sie machen das mit Hilfe einer 7-Punkte-Skala, und zwar geben Sie mit einer 1 an, daß die Aussage kaum auf Sie zutrifft; bei einer 7 trifft die Aussage sehr stark auf Sie zu. 3, 4 und 5 gehören zur mittleren Kategorie und stellen so etwas wie einen Nothafen dar: Falls Sie Ihrer Sache nicht sicher sind oder falls Sie aus irgendeinem Grund lieber nicht antworten möchten, können Sie Ihre Antworten so bewerten. Seien Sie aber vorsichtig: zu viele Dreier könnten den Psychologen auf die Idee bringen, daß Sie sich selbst nicht gut genug kennen oder daß Sie etwas verschweigen. Beides wäre schlecht.

Von den 75 Aussagen sind 38 positiv und 37 negativ.

Dieser Test erfaßt vier Bereiche:

1. **Manipulationstechniken:** Sie beeinflussen andere mit jedem Mittel, das zur Verfügung steht (mit 21 Fragen wird das festgestellt).
2. **Berechnung/Diplomatie:** Sie stimmen Ihr Verhalten auf Ihr Ziel ab; Sie handeln nach Plan und nicht impulsiv (18 Aussagen).
3. **Zielrichtung:** Für Ihre Meinung stehen Sie immer gerade. Sie lassen sich in erster Linie durch Ihre eigenen moralischen Grundsätze leiten (13 Aussagen).

4. **Aussagekraft:** Sie legen Ihren Kurs fest und können andere davon überzeugen (12 Aussagen).

Die WIMAS-Aussagen sind allgemein gehalten, wie es die folgenden Beispiele zeigen:

- Falls notwendig, verschönere ich meine Geschichten.
- Ohne guten Grund tue ich nicht so schnell etwas für andere.
- Ich schaue nicht allzu weit voraus: ich werde schon sehen, wie die Dinge laufen.
- Man sagt von mir, daß ich sehr idealistisch sei.
- Andere halten mein «politisches Gespür» für nicht sehr gut.
- Wenn ich Zweifel habe, entscheide ich mich rein gefühlsmäßig.
- Es langweilt mich, anderen sagen zu müssen, daß sie mir gegenüber noch bestimmte Verpflichtungen haben.
- Es fällt mir nicht schwer, andere zu überreden.
- Ich hasse es, jemandem um den Bart zu gehen.
- Ich reagiere oft spontan.
- Wenn es für mich von Vorteil ist, rede ich anderen nach dem Mund.
- Ich sage Dinge geradeaus, nicht auf Umwegen.
- Manchmal versuche ich, Menschen einander auszuspielen.
- Damit andere meine Handlungsweise akzeptieren, sage ich schon mal, daß mir keine andere Möglichkeit bliebe.
- Ich lasse mich nicht festlegen, sondern sorge dafür, daß mir Ausweichmöglichkeiten bleiben.

Von diesen Fragen gibt es noch viele.

Dieser Test ist leicht zu verstehen. Denken Sie dabei immer an drei Dinge:

1. Es geht um die Auswahl für eine leitende Position. Vergessen Sie das nicht bei der Beantwortung.
2. Halten Sie sich nur wenige Fluchtwege offen (mittlere Kategorie).
3. Bleiben Sie gleichmäßig in Ihren Antworten. Wir meinen damit, daß manche Fragen diese Tests einander ähnlich sind.

Das ist kein Zufall: Man versucht auf diese Weise herauszufinden, wie ehrlich Sie sind. Sollten Sie bei zwei gleichen Fragen sehr unterschiedliche Antworten geben, dann wird es problematisch. Sollten Sie sich nicht mehr genau an Ihre Antwort erinnern, dann spicken Sie ruhig, auch wenn die Aufsicht Ihnen das verbietet.

Zum Schluß noch ein Hinweis: Man wird Ihnen sagen, daß Sie nicht allzu lange über Ihre Antworten nachdenken sollen, denn man ist vor allem an Ihrer ersten Reaktion interessiert. Machen Sie sich aber nichts daraus: Nehmen Sie sich die Zeit, die Sie brauchen, und lassen Sie sich nicht unnötig unter Druck setzen.

Der PAPI-Test

PAPI heißt «perception and preference inventory». Es handelt sich hierbei um einen Persönlichkeitstest, der zwar u. a. auch von einem großen internationalen Konzern verwendet, insgesamt aber nicht sehr häufig eingesetzt wird.

Auch hierbei handelt es sich wieder um einen Test, über den nicht viel bekannt ist. Über Normen, Werte und Zuverlässigkeit ist nichts veröffentlicht worden.

Sie können somit davon ausgehen, daß seine Qualität zu wünschen übrig läßt. Einerseits lobt man ihn als vielseitig, andererseits vergleicht man ihn mit einem Gespräch. Dieser amerikanische Test besteht aus 180 Aussagen, die über 90 Multiple-choice-Fragen verteilt sind. Der Bewerber muß aus jeweils zwei Behauptungen diejenige wählen, die am besten seine Arbeitssituation beschreibt. Der Test prüft Ihre «Arbeitspersönlichkeit» mit folgender Zielrichtung: Ihre Fähigkeit zu delegieren,

Ehrgeiz, Führungsqualitäten, Reaktionsgeschwindigkeit, Dynamik, Geltungsbedürfnis, gesellschaftliches Verhalten, Gruppenanpassung, Zuneigungsbedürfnis, Planungsqualitäten, Interesse an Details, Flexibiltät, Anpassungsvermögen, emotionale Stabilität, Behauptungswillen, Zielrichtung, Selbständigkeit gegenüber der Autorität und Selbständigkeit gegenüber Strukturen.

Diese Eigenschaften sind unterteilt in sieben Gruppen: Einstellung zur Arbeit, Arbeitsstil, Dynamik, Führungsstil, Unabhängigkeit, gesellschaftliches Verhalten und Temperament.

Wie Sie sehen, wird dieser Test viel über Sie in Erfahrung bringen. Er dauert ungefähr eine Viertelstunde: Wir geben Ihnen nachstehend ein Beispiel davon. Hinterher wird der Test immer mit dem Kandidaten besprochen, was natürlich eine zusätzliche Information bedeutet.

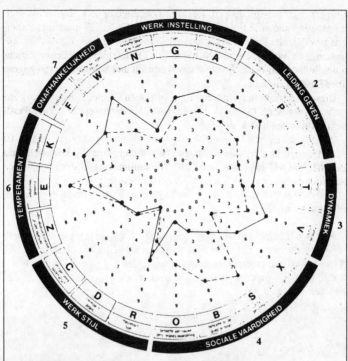

1. **Einstellung zur Arbeit**
N: das Bedürfnis, Aufgaben zu erledigen
G: Einsatz
A: Leistungsbewußtsein
2. **Führungsstil**
L: führende Rolle
P: das Bedürfnis, andere zu führen
I: Entschlußfähigkeit
3. **Dynamik**
T: Tempo
V: körperliche Aktivität
4. **Gesellschaftliches Verhalten**
O: Bedürfnis nach engen persönlichen Beziehungen/Wertschätzung
B: Bedürfnis nach Gruppenzugehörigkeit
S: Interesse an Kontakten
X: Geltungsbedürfnis

5. **Arbeitsstil**
C: organisiert, systematisch
D: Interesse an Details
R: Theoretiker
6. **Temperament**
Z: Bedürfnis an Abwechslung/Veränderungen
E: emotional beherrscht
K: bejahend
7. **Unabhängigkeit**
F: Gesinnungstreu
W: Bedürfnis nach Vorschriften und Richtlinien

Kontaktanbahnungstest

Mit diesem Test wird versucht, einen Teil Ihrer gesellschaftlichen Persönlichkeit zu ergründen. Dafür müssen Sie Fragen wie die nachstehenden beantworten:

- Weshalb würde jemand einer Person, die er von weitem auf der Straße sieht, ausweichen?

- Weshalb bleibt jemand, der zu spät zu einer Sitzung kommt, hinten im Saal stehen? (Was denkt er? Wie sind seine Gefühle?)

- Weshalb spricht jemand, der im Zug neben einer anderen Person sitzt, diese nicht an?

Wie wir Ihnen bereits sagten: Zeigen Sie sich von Ihrer besten gesellschaftlichen Seite. Erklären Sie, daß Sie selbst nicht schüchtern sind, wenn Sie zu spät zu einer Sitzung kommen; daß Sie einen Fremden in der Bahn wohl ansprechen würden, sich aber vorstellen könnten, daß es anderen schwerfällt.

Der KAT-Test

KAT besteht aus einer Testreihe, die die kreative Veranlagung mißt. Er besteht aus fünf Nebentests, die aus divergenten Spitzfindigkeiten und Figurengruppierungen bestehen. Außerdem muß man Figurenzusammenstellungen erfinden und Buchstabenmuster zeichnen. Dieser Test wird sowohl in der Gruppe als auch einzeln angewandt. Die zur Verfügung stehende Zeit wird als variabel angegeben.

Fachleute bezeichnen diesen selten eingesetzten Test als unzureichend, was Normen, Zuverlässigkeit und Wert angeht. Den Rest können Sie sich selbst ausrechnen.

Trotzdem möchten wir Ihnen näheres über diesen Test nicht vorenthalten. Wir nehmen als Beispiel die Nebengruppe Figurengruppierung.

Die Aufgabe lautet wie folgt: Dieser Test besteht aus neun Kästchen, in denen sich Figuren befinden. Sie sollen gemeinsame Eigenschaften dieser

Figuren finden, wonach immer drei Kästchen zusammengehören. Die drei Kästchen gleichen sich dann in gewisser Hinsicht. Die übrigen sechs Kästchen dürfen diese Eigenschaft nicht haben: In dieser Beziehung gleichen sie den drei zusammengehörenden Kästchen nicht. Sie suchen also nach Gemeinsamkeiten bei den Figuren in den verschiedenen Kästchen, so daß Sie immer drei Kästchen kombinieren können unter Ausschluß der sechs anderen.

Sie sehen hiernach ein solches Testblatt mit den richtigen Lösungen auf Seite 72.

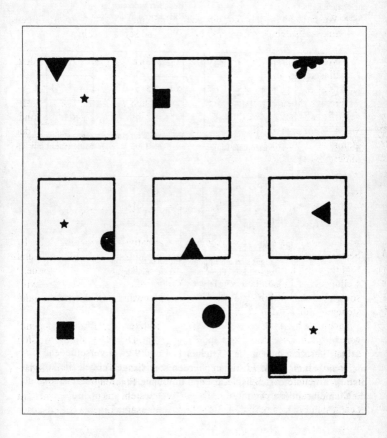

Einige richtige Lösungen zu diesem Beispiel:

①	2	3
4	⑤	⑥
7	8	9

Ein Dreieck. Die anderen sechs Kästchen haben keine Dreiecke

1	②	3
4	5	6
⑦	8	⑨

Ein Quadrat

1	2	3
4	5	⑥
⑦	⑧	9

Die Figur stößt nicht an den Rand. Bei allen anderen Kästchen stößt die Figur an den Rand

①	2	③
4	5	6
7	⑧	9

Die Figur sitzt oben im Kästchen

1	2	3
④	⑤	6
7	8	⑨

Figur unten im Kästchen

①	2	③
4	⑤	6
7	8	9

Figur stößt an eine horizontale Linie

1	②	3
④	5	6
7	8	⑨

Figur stößt an eine vertikale Linie

1	②	③
4	⑤	6
7	8	9

Figur stößt an die Mitte einer Linie

Figur sitzt am Ende einer Linie (Figur in der Ecke wäre falsch, denn das würde auch für 8 gelten)

Im Kästchen befindet sich ein Sternchen

Wie Sie sehen, haben die Kästchen 1, 4 und 9 zwei verschiedene Gemeinsamkeiten. Beide Lösungen werden somit angerechnet. Sie können also mehrmals die gleichen Kästchen miteinander kombinieren, solange die Gemeinsamkeit stimmt.

Folgende Lösungen werden nicht akzeptiert:

1. Wenn mehr als drei Kästchen die von Ihnen genannte Eigenschaft besitzen.
2. Wenn die Basis der Gemeinsamkeiten nicht bei den Figuren liegt, sondern bei der Lage der Kästchen zueinander. Falsch ist also «das Kästchen in der oberen Reihe» (1/2/3) und genau so falsch ist «das Kästchen unter dem Kästchen mit dem Dreieck darin» (4/8/9).
3. Wenn die Lösung eine bestimmte Reihenfolge der drei Kästchen verlangt. Falsch ist also «die Figur geht von rechts unten mittendurch nach links unten» (4/5/9).
4. Wenn Sie die gleiche Lösung schon vorher aufgeschrieben haben.

Versuchen Sie, solche Fehler zu vermeiden.

Die Punktzahl, die Sie erreichen können, hängt davon ab, wie viele Kategorien von jeweils drei Kästchen Sie gefunden haben, die keine Gemeinsamkeiten mit den anderen sechs Kästchen haben. Je mehr Gemeinsames Sie finden, desto höher wird Ihre Punktzahl.

An unserem Beispiel haben Sie gesehen, wo und wie man die Lösungen zu Papier bringt. Sie machen links jeweils einen Kreis um die Nummer des betreffenden Kästchens (nicht mehr als drei) und beschreiben in der rechten Spalte so kurz wie möglich die Gemeinsamkeit der Kästchen auf.

Kapitel 4:
Alte Tests, die immer noch eingesetzt werden

Einleitung

Aus dem vorigen Kapitel haben Sie Informationen über relativ neue Tests und Aufgaben bekommen. In diesem Kapitel machen wir Sie mit älteren Tests und Methoden vertraut, die man immer noch bei der Auswahl für Führungspositionen einsetzt.

Zuerst werfen wir, sofern man das überhaupt kann, einen Blick auf verschiedene Managertypen. Danach nehmen wir einzelne Tests durch, die alle bei der Auswahl eines Managers eingesetzt werden.

Managertypen

In Kapitel 1 haben wir uns mit Managementqualitäten und Managerstilen befaßt; hier werden wir nun weiter darauf eingehen.

Traditionsgemäß teilen die Psychologen – und nicht nur sie – die Menschheit gerne in bestimmte Kategorien ein. Auf unserem Planeten wird alles natürlich sehr viel einfacher, wenn man die Welt in eine bestimmte Anzahl von leicht zu unterscheidenden Gruppen unterteilt, denn dann kommt Ordnung in das Chaos. Weshalb sollte man nicht auch die Manager in bestimmte Gruppen einteilen? Und dies wird denn auch gemacht, obwohl dafür keine wissenschaftlichen Grundlagen bestehen. Es gibt einfache Typologien und komplizierte Einteilungssysteme, theoretische und praktische.

Wir geben Ihnen ein Beispiel: «Nachstehend sind 15 Managertypen beschrieben, wie man sie unter Führungskräften und Organisatoren antrifft. Man könnte diese Typisierung noch erweitern, weil es so viele Varianten gibt hinsichtlich Verantwortungsniveau, Organisationsformen, Branchen und Anzahl der Menschen, die geführt und begleitet werden müssen. Die Beurteilung wird von Fall zu Fall anders aussehen.

Der Direktor eines mittelgroßen Betriebes wird strengeren Kriterien unterworfen und einer anderen Führungskategorie zugeordnet sein als der Leiter einer kleineren Abteilung. Der Vierzigjährige, der seit Jahren eine führende Position leidet, wird ausgeprägte Merkmale und Eigenschaften zeigen, während der junge Abteilungsleiter sich erst noch bewähren muß. Es gibt natürlich auch Mischformen: bei der persönlichen Beurteilung wird auf die Zahlen beim Textbeginn verwiesen, die die Charakteristika des betreffenden Types wiedergeben.»

Es geht hier um folgende Prägungen: der antriebsstarke Aktive, der Perfektionist, der Streber, der soziale Mentor (Berater), der Gradlinige, der Phlegmatiker, der Sture, der Egoist, der Individualist, der brauchbare Durchschnittsmensch, der schwache Abteilungsleiter, derjenige, der die Initiative ergreift, der, der nicht delegieren kann, «der zweite Mann», der Fachspezialist, der universelle Manager. Welcher Typ sind Sie?

Nachstehend beschreiben wir den Perfektionisten:

Wenn man etwas Negatives über ihn sagen möchte, könnte man ihn als Pedanten bezeichnen. Der Ausdruck ist sicherlich zutreffend, wenn diese Führungsposition verlangt, schnell das Wesentliche vom Unwesentlichen zu trennen, neue Dimensionen erschließen und Detailfragen delegieren zu können. Im Grunde genommen liegt ihm das alles nicht. Der Perfektionist ist eher Prüfender als einer, der motiviert – jemand, der lieber Einzelheiten nachgeht als ein Trendsetter zu sein. Er ist nicht weit entfernt von dem Managertyp, der nicht delegieren kann, und auch verwandt mit dem Fachspezialisten, dessen Schwerpunkt äußerste Korrektheit ist und der Wert auf kleinste Einzelheiten legt. Was er zu Ende führt, ist sicherlich in Ordnung; sein extremes Bedürfnis nach Perfektion dämpft aber Tempo, Elan und Antriebsgeist – alles Voraussetzungen für ein effektives Management. Ein Perfektionist kann somit höchst irritierend wie auch sehr willkommen sein. Die wahre Führungskraft ist er allerdings nicht.

Nach solchen Beschreibungen erkennen Sie sich vielleicht bei verschiedenen Schilderungen wieder, was völlig normal ist. Wenn Sie nicht ganz ausgeprägte Eigenschaften besitzen, werden Sie sich in jeder der 15 Darstellungen wiederfinden.

TIP

Sollten Sie sich diesem Test unterziehen müssen, dann wissen Sie jetzt, wie das Resultat aussehen kann. Ist Ihnen auch schon bekannt, welche Art von Manager Ihr zukünftiger Arbeitgeber bevorzugt? Sie verstehen nun, weshalb Sie das wissen sollten.

Der Myers-Briggs-Typenindikator

Dieser amerikanische Persönlichkeitstest wurde vor dem Zweiten Weltkrieg erfunden und vor einigen Jahren reaktiviert. Er wird sowohl in den USA als auch in Europa verwendet.

Weshalb ist dieser Persönlichkeitstest so angenehm? Vielleicht hängt es mit den ansprechenden Abkürzungen der 16 Typen zusammen. Wir werden versuchen, ihn kurz zu erklären, wobei wir, wo es notwendig ist, die englischen Ausdrücke zum besseren Verständnis stehenlassen.

Der Test besteht aus vier Maßstäben:

- **Extravertiertheit/Introvertiertheit:** hierbei handelt es sich um die sogenannte EI-Skala. Extravertiertheit bedeutet, daß eine Person mehr nach außen hin gerichtet ist; auf andere Menschen und auf ihr Umfeld und die Außenwelt. Introvertiertsein bedeutet das Gegenteil: mehr auf sich selbst, auf sein Inneres bezogen sein.

- **Aufmerksamkeit/Intuition:** aufmerksam sein bedeutet, daß ein Mensch seine Sinne richtig gebraucht, was nicht schwierig ist im täglichen Leben. Hierbei handelt es sich um praktische und realistische Menschen. Die andere Möglichkeit, Informationen zu bekommen, ist durch Intuition. Damit kann man neue Wege beschreiten und Probleme anders angehen.

- **Denken/Fühlen:** Denken zielt auf logisches Argumentieren und Analysieren hin, während Fühlen bei zu treffenden Entscheidungen zeigt, wie man selbst über die Sache denkt: Emotionen spielen dabei keine Rolle.

- **Beurteilung/Wahrnehmung:** Beurteilung bedeutet hier das klare Einhalten einer vorgegebenen Richtung, die eine Mischung darstellt von Arbeit und Leben, Regelmäßigkeit und Beherrschung der Tätigkeit. Wahrnehmung steht eher für eine flexiblere, spontane Arbeits- und Lebensweise. Diese Menschen versuchen, Probleme zu verstehen und sie nicht überhand nehmen zu lassen.

Der Myers-Briggs-Test besteht aus mehr als 100 Fragen. Sie sollen sie beantworten, in dem Sie angeben, was Sie bevorzugen. Nach Prüfung

Ihrer Antworten werden Sie in eine der 16 nachstehenden Kategorien eingeteilt (MB 1987):

Sensing types		Intuitive types		
thinking	feeling	thinking	feeling	
ISTJ	ISFJ	INFJ	INTJ	introversive judging perception
ISTP	ISFP	INFP	INTP	
ESTP	ESFP	ENFP	ENTP	extroversive perception judging
ESTJ	ESFJ	ENFJ	ENTJ	

Können Sie den obenstehenden Text verstehen? Wir helfen Ihnen bei der ersten Beschreibung. ISTJ bedeutet introversive, sensing, thinking, judging.

In den USA wird dieser Test gebraucht, damit sich die Eingeweihten ein zwar eingeschränktes, aber dennoch klares Bild von dem zukünftigen Mitarbeiter machen können. «Unser neuer Abteilungsleiter muß ein ENTJ sein», das heißt, daß der ideale Kandidat extravertiert sein soll, seine Intuition gebraucht, das Geschäft im Auge behält und den Überblick nicht verliert (eine vollständige Beschreibung dieses Typus würde zu weit führen).

In der letzten Zeit wird der MB-Test in Amerika nicht nur von Unternehmen, sondern auch für Heiratsannoncen gebraucht: «Weibliche ENFP sucht männlichen INTJ.» Ob das die Zukunft dieses ernsthaften Tests ist?

Der Piccolo-Test

Dieser Test ist ein Beobachtungstest, bei dem Ihr Verhalten aufmerksam betrachtet wird. Die Lösungen, die Sie am Schluß liefern, interessieren hier nicht so sehr. Er wird oft durchgeführt, um das Organisationstalent oder die Fähigkeit nach ordentlichem, systematischem und abstrahierendem Arbeiten zu erfassen. Da hier aber auch räumliches Vorstellungsvermögen von Bedeutung ist, spielt dieser Test eine wichtigere Rolle bei der Prüfung technisch und mathematisch begabter Personen als für Mitarbeiter auf dem administrativen oder sozialen Sektor. Diesen Test gibt es in verschiedenen Varianten. Derjenige, der am meisten verwendet wird, besteht aus 30 hölzernen Klötzchen von etwa 2 cm Kantenlänge. Jede der sechs Flächen hat eine andere Farbe (rot, blau, grün, gelb, schwarz und weiß). Die Verteilung der Würfel geht folgendermaßen vor sich: es gibt eine Kategorie von fünf gleichen Klötzchen, es gibt zwei Kategorien von vier gleichen Klötzchen, fünf Kategorien von drei gleichen Klötzchen und schließlich zwei sogenannte Einzelstücke.

Der Assistent wird Ihnen ungefähr folgende Standardinstruktionen geben, bevor Sie sich an die Arbeit machen: «Vor Ihnen liegt eine Anzahl von Würfeln, von denen jeder sechs verschiedene Farben trägt. Sie sehen es: rot, grün, blau, gelb, weiß und schwarz. Obwohl diese Klötzchen einander alle ähnlich sehen, sind sie doch verschieden. Hier haben Sie ein paar: schauen Sie, ob Sie einen Unterschied entdecken können. Die Reihenfolge, in der die Farben aufgetragen sind, ist nicht die gleiche bei allen Würfeln. Es gibt welche, die einander genau gleichen – sich aber von anderen Klötzchen unterscheiden. Sie können somit eine bestimmte Anzahl von Gruppen bilden. Diese Gruppen bestehen aus einer Anzahl von Würfeln. Wenn Sie festzustellen versuchen, wie viele Gruppen von gleichen Würfeln es gibt, können Sie vorgehen, wie Sie möchten.»

Nach dieser Anleitung beginnen Sie, wobei die Zeit zwar angerechnet wird, aber nicht von großer Bedeutung ist. Es kann vorkommen, daß Sie gefragt werden, wie Sie diese Aufgabe am liebsten lösen möchten. Dadurch möchte man Einblick in Ihre Arbeitsweise bekommen.

Wenn Sie schließlich die Prüfung beendet haben, können Sie auf folgende Fragen gefaßt sein: «Welche Methode haben Sie angewandt, und welche Schwierigkeiten empfanden Sie bei diesem Test?» «Glauben Sie, daß man diese Aufgabe noch auf eine andere Art und Weise lösen kann?» «Welche Methode gefällt Ihnen am besten?»

Wie schon gesagt, handelt es sich bei diesem Test um einen Beobachtungstest: Ihr Verhalten wird ständig geprüft. Ganz besonders wird auf sieben verschiedene Aspekte geachtet:

1. **Die Methode:** die Art und Weise, wie Sie Ihre Arbeit logisch, analytisch und kombinatorisch angehen (dies sagt etwas über Ihre Intelligenz aus).
2. **Die Organisation:** Ihre Art, «intelligent zu handeln». Haben Sie den Überblick, wie steht es um die Kontinuität, die Ordnung und die Fähigkeit zu improvisieren und noch ein paar Dinge?
3. **Räumliches Denken:** Wodurch zeigt sich Ihr räumliches Denken? Wie legen Sie die Würfel vor sich hin?
4. **Die Qualität:** Wie exakt und ordentlich sind Sie bei Ihrer Arbeitsweise?
5. **Das Tempo:** Wie schnell handeln Sie?
6. **Manipulation:** Der Gebrauch der Hände beim Umdrehen der Würfel.
7. **Stabilität:** Ihr Temperament, Ihre Emotionen, Ihr Durchsetzungsvermögen und Ihre Haltung, besonders wenn es schwierig wird.

Bei diesem Test gibt es sechs Lösungen.
Was sollen Sie nicht tun? Welche Vorgehensweise ist die beste?
Fangen wir mit dem negativen Ansatz an. Einen schlechten Ansatz erkennt man daran, wenn Sie die Würfel sinnlos miteinander vergleichen, ohne systematisch vorzugehen. Genauso schlecht ist es, jedes Klötzchen einzeln mit allen anderen zu vergleichen. Gut ist es, wenn Sie zuerst alle Würfel auf übersichtliche Art und Weise systematisch und logisch vor sich aufbauen. Das darf ruhig eine vorläufige Aufstellung sein.

TIP

Denken Sie daran, daß Sie während dieses Tests laufend beobachtet werden. Es wird gerne gesehen, daß Sie erst nachdenken und dann handeln. Gehen Sie systematisch vor. Rechnen Sie damit, daß man Sie während dieses Tests über Ihre Analysierungsmethode befragt. Denken Sie daran, relativ schnell zu arbeiten, ohne dabei die Qualität aus den Augen zu verlieren.

Der Pauli-Test

Bei diesem Test handelt es sich um einen älteren Konzentrationstest deutscher Provenienz, der Ähnlichkeit mit dem Bourdon-Test hat. Er wurde kurz nach der Jahrhundertwende von dem Psychiater Emil Kraepelin entwickelt und später von anderen, darunter Pauli, auf den heutigen Stand gebracht.

Hier geht es darum, Zahlenreihen schnell zu addieren. Man addiert zwei Zahlen aus den Reihen zusammen und schreibt das Resultat sofort dahinter. Das gleiche macht man mit den nächsten beiden Zahlen. Das Addieren verläuft nach dem Schema A + B, B + C, C + D usw. Nach jeweils zwei bis drei Minuten wird der Kandidat gefragt, an welcher Reihe er gerade ist. Eine solche Unterbrechung nennt man Intervall. Manchmal wird der Assistent versuchen, nach jedem Intervall zur nächsten Zahlenreihe überzugehen.

Die Standardlänge dieses Tests ist eine Stunde, aber in der Praxis hält man sich nicht immer daran.

Was versucht dieser Test zu erfassen?

- Die Anzahl der Additionen pro Zeitintervall (wie weit man gekommen ist). Wie war der Ablauf? Wurde die Arbeit langsamer oder schneller, oder blieb das Tempo mehr oder weniger gleich?

- Fehler werden selbstverständlich auch berücksichtigt.

- Durchstreichen und Verbessern.

Der Pauli-Test hat verschiedene Varianten. Bei allen müssen Sie Rechenaufgaben machen.

Der Rangiertest

Diesen Test gibt es seit 1925. Es handelt sich um einen spielerischen Beobachtungstest, der hin und wieder angewandt wird. Er besteht aus einem Holzbrett mit dem Grundriß eines Rangierbahnhofs. Darauf ist eine Anzahl von Linien angegeben, die einspurige Bahnen darstellen. Es gibt nur zwei Gleise, so daß die Züge sich auf diesem Grundriß nirgends überholen können. Auf diesen Linien wurden in gleichmäßigen Abständen Löcher gebohrt; in diesen Löchern stecken numerierte Fähnchen. Diese stellen die Züge dar; davon gibt es neun Stück. Sie haben immer einen bestimmten Ausgangspunkt an verschiedenen Stellen des Rangierbahnhofs. Auf den Gleisen befinden sich an bestimmten Stellen Weichen. Es gibt auch Kreuzungen, die aber beim Rangieren keine Rolle spielen. An einer bestimmten Stelle befindet sich parallel zu den Gleisen ein Bahnsteig. Die Züge sollen nun aus ihren verschiedenen Positionen heraus in einer bestimmten Reihenfolge, die Ihnen extra vorgegeben wird, am Bahnsteig vorbeigeführt werden.

Ihre Aufgabe ist es, hierfür die praktischste Lösung zu finden. Dieser Test dauert normalerweise zwischen 20 und 30 Minuten.

Worauf wird bei diesem Beobachtungstest besonders geachtet?

- Anpassung an den Test. Wie sicher sind Sie Ihrer Sache? Zeigen Sie das, bitte. Liegt Ihnen dieser Test?

- Wille und Aktivität. Sind Sie sehr beschäftigt? Stürzen Sie sich auf diese Aufgabe? Geben Sie schnell auf, oder kämpfen Sie sich durch?

- Temperament. Sind Sie anpassungsfähig oder rigide in Ihrer (dieser) Arbeit?

- Denkfähigkeit: Gehen Sie bei Ihrer Arbeit logisch/systematisch vor, oder improvisieren Sie lieber?

- Dazu wird noch der persönliche Eindruck des Psychologen bei der Beurteilung von Bedeutung sein.

Viele Menschen empfinden den Rangiertest als unangenehm, vor allem diejenigen, die technisch oder mathematisch nicht sehr begabt sind, denn sie stehen vor einem doppelten Problem: Zum einen sollen sie die Aufgabe lösen und zum anderen noch auf ihr eigenes Verhalten achten.

Test über kritisches Denken

Darf oder soll man von einem leitenden Angestellten erwarten, daß er kritisch denken kann? Ist ein kritisch denkender Manager einem anderen vorzuziehen, der ordentlich seine Aufgaben durchführt und ansonsten den Mund hält? Es gibt Arbeitgeber, die auf kritische und selbständige Denker in ihrem Unternehmen bestehen. Andernorts kann man ohne weiteres auf diesen Managertyp verzichten.

Dieser mathematische Test aus dem Jahr 1952 wird normalerweise in Gruppen gemacht und dauert zwischen 45 und 60 Minuten (es gibt dabei kein Zeitlimit). Wie Sie gleich sehen werden, werden Sie Ihre Zeit gut einteilen müssen, denn der Test ist schwierig.

Der verkürzte Test «kritisches Denken» besteht aus fünf Teilen: Schlußfolgerungen ziehen, Hypothesen erkennen, Syllogismen, Interpretation und Beurteilung von Argumenten, alles in allem 55 Bestandteile. Der Originaltest ist ungefähr doppelt so lang. Leider sind weder die Kriterien noch der Wert dieses Tests bekannt. Seine Zuverlässigkeit ist allerdings gut. Sollten Sie den Test zweimal machen, dann würden beide Resultate nahe beieinander liegen.

Test 1: Schlußfolgerungen

Hierbei geht es darum, aus einer vermeintlichen oder feststehenden Tatsache eine Schlußfolgerung zu ziehen. Diese liegt bereits fest. Sie sollen nur angeben, ob sie richtig oder wahrscheinlich richtig ist, ob die zur Verfügung stehenden Angaben unvollständig sind oder ob sie wahrscheinlich falsch oder falsch sind.

«Die erste Zeitung in den Vereinigten Staaten, von Ben Harris herausgegeben, erschien am 25. September 1690 in Boston und wurde am gleichen Tag durch den Gouverneur Simon Bradstreet verboten. Die darauffolgenden langen Streitereien mit dem Herausgeber, der darauf bestand, seine Zeitung weiterzuführen und das zu drucken, was er wollte, sind ein Meilenstein bei den anhaltenden Querelen um die amerikanische Pressefreiheit.»

Nachstehende Schlußfolgerungen sind möglich:

1. Der Herausgeber der ersten amerikanischen Zeitung starb einige Tage später, nachdem seine Zeitung am 25. September 1690 verboten worden war.
2. Ein Exemplar der ersten Ausgabe der Ben-Harris-Zeitung wurde sofort an Gouverneur Bradstreet überbracht.
3. Der Herausgeber dieser Zeitung schrieb kritische Artikel über Gouverneur Bradstreet.
4. Ben Harris war ein standhafter Mann, der für seine Ziele und Vorstellungen kämpfte.

Sie sollen nun jede dieser vier Schlußfolgerungen auf ihre Richtigkeit hin überprüfen. Denken Sie daran, daß es mehrere richtige oder falsche Schlußfolgerungen geben kann.

Die Antworten zu diesem und zum nächsten Test finden Sie am Ende dieses Kapitels.

Test 2: Hypothesen erkennen

Wir führen nachstehend ein paar Behauptungen auf, denen verschiedene Hypothesen folgen. Sie sollen nun feststellen, ob die Behauptung tatsächlich Ausgangspunkt ist für die Hypothese. Ob die Behauptung richtig ist, tut nichts zur Sache.

Wir geben Ihnen wieder ein kurzes Beispiel, wobei Sie angeben sollen, ob die gestellten Hypothesen richtig sind oder nicht.

«Die Schweiz ist das Land, in dem es sich am besten leben läßt. Man bezahlt dort die niedrigsten Steuern.»

1. Die gezielte Verwaltung eines Landes bringt niedrige Steuern mit sich.
2. Beim Entschluß, seinen Wohnsitz festzulegen, spielen niedrige Steuern eine große Rolle.
3. Die Mehrheit der Schweizer ist zufrieden mit der derzeitigen Regierung.

> **TIP**
>
> Bei diesem und den nächsten Beispielen müssen Sie damit rechnen, daß Sie angeben sollen, ob Sie Ihrer Sache sicher sind oder nicht. Überlegen Sie deshalb noch einmal sehr genau, denn wenn Sie Ihrer Sache sicher sind, die Antwort aber falsch ist, kostet Sie das viele Punkte.

Test 3: Syllogismen

Jede Übung besteht aus zwei Behauptungen und einigen möglichen Schlußfolgerungen. Sie bestimmen, ob die jeweiligen Schlußfolgerungen richtig sind.

- Wenn jemand abergläubisch ist, wird er einem Wahrsager glauben.

- Es gibt Menschen, die nicht an Wahrsager glauben, deshalb ...
    1. Wenn jemand nicht abergläubisch ist, wird er Wahrsagern nicht glauben.
    2. Es gibt Menschen, die nicht abergläubisch sind.
    3. Wenn jemand einem Wahrsager glaubt, ist er abergläubisch.

Mehr Auskünfte über Syllogismen geben wir Ihnen in Kapitel 7. Sie werden dort weitere Beispiele vorfinden, die übrigens nichts mit diesem Test zu tun haben.

Test 4: Interpretation von Argumenten

Bei diesem Test sollen Ihre Antworten «Schlußfolgerung stimmt» oder «Schlußfolgerung stimmt nicht» lauten.

Man legt Ihnen ein paar Kurzgeschichten vor mit verschiedenen Schlußfolgerungen. Voraussetzung ist, daß Sie alles, was in diesem Test steht, für bare Münze nehmen. Das Problem besteht darin, daß Sie feststellen müssen, ob die gezeigten Schlußfolgerungen sich aus der Ihnen vorliegenden Information ergeben und logisch oder unlogisch sind.

Nachstehend ein Beispiel: «Während eines bestimmten Jahres hatten von 800 000 Schülern aus den beiden oberen Klassen nur 230 000 Physik und 140 000 Mathematik als Wahlfach.»

1. Einige Schulen hielten in dem besagten Jahr die Fächer Physik und Mathematik in den zwei oberen Klassen nicht für obligatorisch.
2. Ein wichtiger Grund für die Tatsache, daß ungefähr die Hälfte aller Schüler aus den beiden obersten Klassen in diesem Jahr weder Physik noch Mathematik gewählt hatten, besteht darin, daß sie diese Fächer bereits in den Vorjahren genommen hatten.
3. Einige Schüler der zwei obersten Klassen nahmen in diesem Jahr weder Mathematik noch Physik.

Überlegen Sie sich Ihre Antwort in aller Ruhe.

Test 5: Beurteilung von Argumenten

Hierbei geht es darum festzustellen, wie gut oder schlecht ein vorgebrachtes Argument ist. Ein Argument ist schlecht, wenn es nicht in direktem Zusammenhang mit der Frage steht, selbst wenn es eine gewisse Berechtigung hat. Es kann auch sein, daß kaum ein Zusammenhang mit der Frage besteht.

Hier ist wieder ein Beispiel: «Sollten Gruppierungen in diesem Land, die Gegner der Regierungspolitik sind, unbeschränkte Pressefreiheit und freie Meinungsäußerung genießen dürfen?»

1. Ja. Ein demokratischer Staat gedeiht am besten, wenn freie und nicht eingeschränkte Diskussion möglich ist. Das beinhaltet auch die Möglichkeit, Kritik zu üben.
2. Nein. Die Länder, die sich gegen unsere Regierungsform stellen, erlauben in ihrem eigenen Land auch nicht, daß dort unsere Standpunkte akzeptiert werden.
3. Nein. Wollte man tatsächlich oppositionellen Gruppen die absolute Presse- und Meinungsfreiheit zugestehen, dann könnte das Anlaß

sein zu ernsthaften internen Zerwürfnissen, die dazu führen könnten, daß unsere Form von Demokratie verlorengeht.

Der AAT-Test

Der Allgemeine Verwaltungstest stammt aus Deutschland und wird hauptsächlich von größeren Personalbüros verwendet. Er wird sowohl individuell als auch gruppenweise angewandt und soll die grundsätzlichen und routinemäßigen Aspekte verwaltungsmäßiger Arbeit mit den Kriterien Tempo, Genauigkeit und flexibler Verarbeitung messen. Sie haben 40 Minuten Zeit, ihn zu Ende zu bringen. Er besteht aus sechs Teilen.

- **Karteikarten sortieren:** Sie bekommen 40 Karteikästen vorgelegt, die alphabetisch geordnet und jeweils mit einer Nummer versehen sind. Zum Beispiel Aa bis Al = 1. Dazu erhalten Sie eine Liste mit 60 Namen und Zahlen, die angeben in welchen Kasten die Karten gehören. Beispiel: Furda in Kasten 12.
Nachstehend zeigen wir Ihnen einen Teil dieses langweiligen Tests, mit dem Sie beweisen können, wie gut es um Ihre administrativen Fähigkeiten steht. Die richtigen Antworten finden Sie am Ende dieses Kapitels.

Aa–Al	Am–Az	Ba–Bi	Bj–Br	Bs–Bz	Ca–Cz	Da–Dk	Dl–Dz	Ea–Ek	El–Ez
1	2	3	4	5	6	7	8	9	10
Fa–Fr	Fs–Fz	Ga–Go	Gp–Gz	Ha–Hj	Hk–Hz	Ia–Iz	Ja–Jz	Ka–Ko	Kp–Kz
11	12	13	14	15	16	17	18	19	20
La–Le	Lf–Lz	Ma–Me	Mf–Mo	Mp–Mz	Na–Nk	Nl–Nz	Oa–Oz	Pa–Pq	Pr–Pz
21	22	23	24	25	26	27	28	29	30
Qua–Quz	Ra–Rz	Sa–Si	Sj–Ss	St–Sz	Ta–Ti	Tj–Tz	U–V	Wa–Wz	X–Y–Z
31	32	33	34	35	36	37	38	39	40

1. Furda ………
2. Hulst ………
3. Timmerman ………
4. Ploeg ………
5. Staring ………
6. Dmoch ………
7. Hakvoort ………
8. Arensberg ………
9. Irnia ………
10. Louwers ………

- **Adressen prüfen:** Auch hier wird Ihre Sorgfalt auf die Probe gestellt. Sie erhalten eine Liste mit 20 Namen, Adressen und Telefonnummern, die Sie auf ihre Richtigkeit hin überprüfen sollen, indem Sie diese Liste mit einem korrekten Exemplar vergleichen.

- **Rechnungen nachsehen:** Auch hier bekommen Sie wieder eine Liste vorgelegt. Sie sollen 30 einfache zweistellige Zahle nachsehen: Welche sind richtig und welche sind falsch? Auch hier wird von Ihnen erwartet, daß Sie ordentlich arbeiten.

- **Wörter korrigieren:** Sie sollen feststellen, ob 40 Wörter dieser Liste korrekt buchstabiert sind. Sie dürfen natürlich anderer Meinung sein, müssen dann aber die richtige Rechtschreibung nennen.

- **Rechenaufgaben:** Hier geht es um einfache Rechnungen, deren richtige Lösung Sie durch Ankreuzen im Multiple-choice-Verfahren finden sollen.

- **Satzzeichen:** Bei diesem letzten Test sollen Sie in 13 Sätzen die Kommata an die richtige Stelle setzen.

Für Kritischen unter Ihnen: Normen, Zuverlässigkeit und Wert dieses Tests sind nicht sehr fundiert.

Es gibt noch weitere Tests, um administrative Fähigkeiten zu bewerten. Sie sehen aus wie Arbeitsproben, sind es aber nicht. Diese Tests sind nämlich allgemeiner Art und nicht auf besondere Arbeitsmethoden oder eine bestimmte Branche zugeschnitten.

Der GATB-Test

Die General Aptitude Test Battery ist ein etwas älterer amerikanischer Test, der dort um 1958 auf dem Markt erschien und vor etwa 15 Jahren in Europa übernommen wurde. Er ist ziemlich ausführlich und dauert lange: 50 Minuten für den Gruppentest und 20 Minuten für den Apparatetest, der individuell gemacht wird. Aus diesem Grund wird oft ein Teil der zwölf Abschnitte weggelassen.
Was enthüllt dieser Test, dessen Normen, Zuverlässigkeit und Wert laut Aussagen der Fachwelt zuverlässig sind? Er mißt folgendes:

- Intelligenz

- Sprachliche Fähigkeit

- Numerisches Denken

- Räumliches Vorstellungsvermögen

- Formwahrnehmung

- Erfassen von administrativem Material

- Motorische Koordination

Nicht alle sieben Faktoren sind für die Auswahl eines Managers wichtig. Die Subtests, mit denen alle diese Fähigkeiten und Qualifikationen gemessen werden, sind folgende:
Namen vergleichen (eine Art von administrativem Test, wobei unter anderem Namen auf ihre Orthografie hin geprüft werden sollen), einfaches Rechnen, dreidimensionale Räume, Wortschatz (hierbei handelt es sich um Synonyme und Antonyme, sprich Gegensätze), Material vergleichen, Rechenaufgaben mündlich lösen (rechnerisch denken), Abbildungen heraussuchen und vergleichen, Striche setzen.
Da dieser Test als eine Art von Sammelsurium aus anderen Tests bekannt ist, was auch erfahrenen Prüfungskandidaten nicht neu sein dürfte, verzichten wir auf eine ausführliche Beschreibung.

Der GPI- und der GPP-Test

Der Amerikaner Gordon hat zwei Tests entwickelt, die meist zusammen durchgeführt werden, wenn der Personalberater etwas über die Persönlichkeit des Managers erfahren möchte.

Die Anweisung dazu lautet: «In diesem Fragebogen wird eine Anzahl von menschlichen Eigenschaften aufgeführt. Sie sind in Vierergruppen aufgeteilt. Sie sollen aus jeder Gruppe die zutreffendste Beschreibung nennen, indem Sie das Feld hinter der zutreffendsten Beschreibung unter der Spalte «am meisten» schwärzen. Sehen Sie sich anschließend die restlichen drei Beschreibungen an, und entscheiden Sie, welche am wenigsten zutrifft.

Und noch ein Hinweis: Es gibt weder richtige noch falsche Antworten. Sie sollen lediglich versuchen, die Beschreibungen zu ermitteln, die am ehesten für Sie zutreffend sind.»

Es gibt noch weitere Persönlichkeitstests, aber dieser wird besonders geschätzt im Zusammenhang mit Arbeitsstudien.

Der Gordon-Personal-Profile- und der Gordon-Personal-Inventory-Test besteht aus 20 +18 = 38 Teilen.

In der Tabelle auf der darauffolgenden Seite geben wir Ihnen ein paar Beispiele, damit Sie wissen, was auf Sie zukommt.

Sie können sicherlich erkennen, welche Antworten nicht auf einen dynamischen, kreativen Manager hindeuten.

Es gibt kein Zeitlimit für diesen Test, aber erfahrungsgemäß sollten Sie ihn in 20 bis 25 Minuten bewältigen. Wenn Sie viel mehr Zeit benötigen, dann wirkt das verdächtig, weil Sie sich anders verhalten als Ihre Mitbewerber. Achten Sie deshalb bitte genau auf die Zeit.

	Trifft zu: **am meisten/am wenigsten**
• Verfügt über sehr originelle Ideen. • Ist eine etwas träge und bequeme Person. • Neigt dazu, sich andern gegenüber kritisch zu verhalten. • Trifft Entscheidungen erst nach längerer Überlegung.	
• Ist sehr energisch. • Ärgert sich schnell über andere. • Hat eine Abneigung gegen komplizierte Probleme. • Geht lieber zu einem fröhlichen Fest als zu einem ruhigen Beisammensein.	
• Fühlt sich am Ende des Tages sehr müde und abgespannt. • Neigt dazu, zu schnell oder übereifrig zu urteilen. • Hat andern Menschen gegenüber keine Haßgefühle. • Ist sehr wissensdurstig.	
• Neigt zu Spontanhandlungen • Verfügt über viel Energie und großes Durchsetzungsvermögen. • Vertraut andern nicht, bis sich erwiesen hat, daß sie zuverlässig sind. • Hat Freude an Problemen, die zum Nachdenken zwingen.	
• Hat nur wenig Bedürfnis nach Gesellschaft. • Ist nicht unruhig oder angespannt. • Ist eine nicht ganz zuverlässige Person. • Übernimmt die Führung bei Gruppendiskussionen.	
• Schließt nicht sehr leicht Freundschaften. • Beteiligt sich aktiv an Gruppenunternehmungen. • Macht auch die Gewohnheitsarbeit zu Ende. • Ist emotional gesehen etwas instabil.	

Der GPI/GPP erfaßt acht Persönlichkeitsmerkmale; es ist für Sie wichtig zu wissen, welche.

1. **Vorsicht:** Neigen Sie dazu, Risiken zu vermeiden und Dinge sorgfältig abzuwägen, bevor Sie zu einem Entschluß kommen? Oder ist Ihre Persönlichkeit genau das Gegenteil? Sind Sie impulsiv, reagieren Sie auf den geringsten Anstoß, und gehen Sie Risiken ein, indem Sie überstürzt Entscheidungen treffen?
   Wer sind Sie?
2. **Originelles Denken:** Sie arbeiten gern mit neuen Ideen. Es macht Ihnen Freude, komplizierte Probleme zu lösen und philosophische Betrachtungen anzustellen. Die Kehrseite der Medaille sieht so aus: nicht tiefer in die Dinge eindringen, nicht kreativ, originell und intellektuell denken.
3. **Persönliche Beziehungen:** Andern vertrauen und ihnen Verständnis entgegenbringen können, tolerant und geduldig sein. Die Kehrseite: Andern kritisch gegenüberstehen und sich irritieren lassen durch deren Aktivitäten.
4. **Vitalität:** Bei diesem Test gewinnen Sie viele Punkte, wenn Sie energisch sind, schnell arbeiten und mehr tun als die andern. Die weniger Vitalen arbeiten dagegen langsam und ermüden schnell.
5. **Autorität:** Eine aktive Rolle in der Gruppe spielen, selbstsicher wirken und auftreten. Seine Entscheidungen trifft man individuell und vertritt gerne seine eigene Meinung. Wie zu erwarten, kann man andere stark beeinflussen. Die negative Seite sieht wie folgt aus: Sie spielen eine passive Rolle und befinden sich auf der Tribüne statt im Feld. Eine Führungsposition übernehmen Sie lieber nicht. Sie sind sehr schnell mit andern einverstanden.
6. **Verantwortung:** Man nimmt seine Verantwortung ernst und bringt seine Aufgaben zu Ende. Wenn jemand sich hierbei viele Punkte holt, dann besitzt er Durchsetzungskraft und kann sich behaupten. Der Ausdruck Zuverlässigkeit trifft hier zu. Der Bewerber, der hierbei nur wenige Punkte erhält, hat Schwierigkeiten, bei seiner Arbeit zu bleiben, weil er kein Interesse dafür aufbringt. Er ist unzuverlässig, ja manchmal sogar unverantwortlich.
7. **Emotionale Stabilität:** Das Wort sagt es bereits: Ausgeglichen, ruhig und frei von Ängsten und Spannungen. Kandidaten, die hierbei nur eine geringe Punktzahl bekommen, sind überempfindlich und ziemlich nervös. Außerdem machen Sie sich schnell Sorgen. Sehr

niedrige Punktzahlen können einen Hinweis sein auf neurotische Störungen, worüber es genügend Literatur gibt.
8. **Gesellschaftlicher Umgang:** Man trifft sich gerne mit andern Menschen und betrachtet die Arbeit in der Gruppe als angenehm. Man ist kontaktfreudig und geht gerne unter die Leute. Der zurückhaltende Mensch knüpft nur mühsam Kontakte und sucht auch nicht gerne die Gesellschaft anderer. Man hat nur wenige, dafür aber sehr gute Freunde.

Wie soll nun nach diesem Test der ideale Manager aussehen? Das hängt von der Funktion und Zielsetzung des betreffenden Unternehmens ab. Wir sind der Meinung, daß dieser Test die vorerwähnten acht Persönlichkeitsmerkmale gut erfaßt hat.

- Vorsicht: sich nicht exponieren. Kleine, kalkulierbare Risiken eingehen ist erlaubt.

- Originelles Denken: in Grenzen halten, aber nicht den Theoretiker spielen.

- Persönliche Beziehungen: großen Wert darauf legen. Mit seinen Mitmenschen Kontakt halten.

- Vitalität: engagiert sein, Berge versetzen können.

- Autorität: das Umfeld beeinflussen können, aber nicht den Diktator spielen. Schließlich leben wir in einer Demokratie, und an Mitspracherecht und Einspruchsmöglichkeiten darf nicht gerüttelt werden.

- Verantwortung: zweifellos wird der perfekte Manager um seine Verantwortung wissen und Zuverlässigkeit ausstrahlen.

- Emotionale Stabilität: hier gilt das gleiche wie bei Nr. 7. Mancher Arbeitgeber ist dadurch aus der Ruhe gebracht worden, daß der Psychologe den Bewerbern als Neurotiker abstempelte.

- Gesellschaftlicher Umgang: es handelt sich bei dem perfekten Manager um einen kontaktfreudigen Menschen, dem klar ist, daß Aufgaben nur in Zusammenarbeit mit andern bewältigt werden können.

Thomas-Killmann-Test

Viele Manager sehen ihre Aufgabe darin, Konflikte zu vermeiden. Sollte es trotzdem welche geben, dann ist es die Pflicht des Managers, sie zu beheben oder zu lösen. Ob der zukünftige Manager dazu in der Lage ist, soll durch das Rollenspiel festgestellt werden. Wir kommen darauf in Kapitel 5 zurück.

Ein weiterer Test stammt von den Amerikanern Thomas und Killmann. Dieser schriftliche Test wird von Personalberatern für die Managerauswahl verwendet. Man kann ihn aber auch selber ausrechnen und interpretieren wie beim Libelle-Test, der für die Ausbildung von Managern gebraucht wird.

Wenn Sie den Hinweis lesen, werden Sie sehen, wie einfach er ist: «Denken Sie an Situationen, in denen sich Ihre Vorstellungen von denen anderer unterscheiden. Wie reagieren Sie normalerweise in solchen Situationen? Nachstehend sind jeweils zwei Behauptungen aufgeführt, die Ihr eventuelles Verhalten hierbei beschreiben. Kreisen Sie jeweils A oder B ein – je nachdem, was am meisten auf Sie zutrifft.

Oft wird weder A noch B auf Ihr Verhalten zutreffen. Suchen Sie sich dann die Behauptung aus, die Ihrer Vorstellung am nächsten kommt.»

Dieser Test besteht aus 30 A/B-Behauptungen. Die Beispiele auf der folgenden Seite zeigen Ihnen, was Sie erwartet.

Können Sie sich bereits die Antworten eines guten Managers vorstellen, und erkennen Sie auch, welche Antworten auf einen «Falken» und welche auf eine «Taube» schließen lassen?

TIP

Denken Sie daran, daß sich Behauptungen in diesem Test öfters überschneiden. Daraus kann man schließen, wie konsequent und ehrlich Ihre Antworten sind. Wenn Sie die Behauptungen in aller Ruhe durchlesen, werden Sie schnell feststellen, wie Sie am besten vorgehen. Notfalls lesen Sie das Ganze ein zweites Mal.

A. Manchmal überlasse ich andern die Verantwortung, um das Problem zu lösen.
B. Ich versuche, die Dinge zu betonen, über die wir uns einig sind, und nicht über Dinge zu verhandeln, bei denen wir uneins sind

A. Ich bitte andere immer um Hilfe bei der Lösung eines Problems.
B. Ich versuche das Wesentliche zu erledigen, um überflüssige Spannungen zu vermeiden.

A. Ich bin fest entschlossen, meine Ziele zu verfolgen.
B. Ich versuche, eine Kompromißlösung zu finden.

A. Ich schlage vor, sich in der Mitte zu treffen.
B. Ich setze ihn unter Druck, um meine Meinung durchzusetzen.

A. Wenn es ihn glücklich macht, soll er bei seiner Meinung bleiben.
B. Er akzeptiert einige meiner Standpunkte, deshalb komme ich ihm auch entgegen.

A. Ich versuche sofort, unsere Meinungsverschiedenheiten gründlich zu klären.
B. Ich versuche, eine günstige Kombination von Gewinn und Verlust für uns beide zu finden.

Ihr Verhalten bei Konflikten wird durch folgende fünf Eigenschaften definiert: konkurrieren, zusammenarbeiten, Kompromisse finden, Konflikte vermeiden und sich anpassen. Wir beschreiben sie kurz:

Konkurrieren: selbstsicher und nicht verbindlich. Das Eigeninteresse steht im Vordergrund und geht auf Kosten anderer. Schlüsselbegriffe stehen für Macht, Argumentation und finanzielle Sanktionen. Dieser Mensch will vor allem gewinnen.

Zusammenarbeiten: selbstsicher und verbindlich. Man möchte mit andern zusammen eine Lösung finden. Die Interessen beider Parteien müssen berücksichtigt werden. Deshalb müssen die Probleme von Grund auf angegangen werden, und es ist wichtig, intensiv nach Alternativen zu suchen.

Kompromisse finden: selbstsicher und verbindlich sein, aber in Grenzen. Man versucht immer, eine für beide Parteien annehmbare Lösung zu finden, unterschiedliche Meinungen werden auf einen gemeinsamen Nenner gebracht, man macht Konzessionen und strebt einen Treffpunkt in der Mitte an.

Konflikte vermeiden: immer noch selbstsicher und verbindlich, Konflikte werden diplomatisch unterlaufen, Themen werden vermieden, und man entzieht sich einfach einer bedrohlichen Situation.

Sich anpassen: weder selbstsicher sein noch verbindlich. Die Interessen anderer haben Vorrang, die eigenen werden vernachlässigt. Selbstaufopferung, Wohltätigkeit, selber hintenanstehen. Zu nachgiebig bei Wünschen anderer.

Wie wollen Sie nun abschneiden? Erstens ist es wichtig, eine Mischung sämtlicher Qualitäten zu besitzen. Sie müssen kein betonter Kompromißsucher sein, andererseits sollten Sie jedoch Ihre Arbeitsmethoden den Anforderungen des Unternehmens anpassen. Wird in einer autoritären Umgebung eine strenge Hand verlangt, oder werden Probleme in ellenlangen Diskussionen zerredet? Sie merken schon wieder, wie wichtig es ist, daß Sie sich genau über Ihren zukünftigen Arbeitsplatz informieren.

Berufsinteressentests

Manche Personalberater sind nicht nur an Ihren Führungsqualitäten interessiert. Sie wollen mehr wissen und versuchen in Erfahrung zu bringen, ob Ihre beruflichen Interessen auf der gleichen Ebene liegen wie diejenigen Ihrer zukünftigen Kollegen. Hierbei handelt es sich eigentlich um eine Art von Irreführung, denn es wird nicht geprüft, ob Sie für diese Position geeignet sind, sondern ob Sie die gleichen Hobbys und Interessen haben wir Ihre zukünftigen Kollegen und Mitarbeiter.

Antworten zum Test über kritisches Denken (Seite 85–88)

Test 1: die falsche Antwort ist 1
Test 2: die richtige Antwort ist 2
Test 3: die richtige Antwort ist 2
Test 4: die richtige Antwort ist 1
Test 5: die richtige Antwort ist 1

Antworten zum AAT-Test (Seite 89)

1. Furda	12	6. Dmoch	8
2. Hulst	16	7. Hakvoort	15
3. Timmermann	36	8. Arensberg	2
4. Ploeg	29	9. Irnia	17
5. Staring	35	10. Louwers	22

Kapitel 5:
Neue Entwicklungen: Assessment-Center und BARS

Einleitung

Bisher haben wir mehrere Managementtests besprochen, an deren Qualität einiges auszusetzen ist. Es ist nicht sehr beruhigend zu wissen, daß nahezu keiner dieser Tests eine große Aussagekraft hat. Die Methoden sind nicht besonders raffiniert, und wenn man damit nicht behutsam vorgeht, kann großes Unheil angerichtet werden, was dann unter «persönlichem Mißerfolg» verbucht wird.

Fachleute, die fest im Beruf stehen, wissen schon lange um dieses Problem und haben versucht, andere Auswahlmethoden zu entwickeln. Man beschäftigt sich heute hauptsächlich damit, das Verhalten eines Bewerbers anstelle irgendwelcher psychologischer Merkmale zu erforschen.

In diesem Kapitel werden wir uns mit dem sogenannten Assessment-Center sowie mit BARS beschäftigen. Letzteres hat nichts mit durststillenden Etablissements zu tun, sondern ist ein Akronym für «behaviorally-anchored rating scales», das heißt Beurteilungsskalen, die das Verhalten eines Bewerbers testen. Es sieht aus, als ob diese beiden neuen Methoden in Zukunft viel Anwendung finden werden. Wie sehen sie aus, und wie kann man sich darauf vorbereiten? Wir werden Ihnen als erstes das AC vorstellen, bei dem Sie sehen werden, wie der Prüfer versucht, die Spreu vom Weizen zu trennen. Wir werden Ihnen Einzelheiten dieser Auswahlmethoden erläutern wie die Basket-Technik oder wie man auf intelligente Art und Weise die Firmenpost sortiert.

Was ist ein Assessment-Center?

Das englische Wort «assessment» bedeutet Feststellung, Taxierung, Definition, und darum geht es hier: Ihr Verhalten wird während der Arbeit geprüft. Bei psychologischen und Managementtests werden Sie auf dem Papier getestet, wobei Sie direkt oder indirekt angeben sollen, wie Sie in einer bestimmten Situation reagieren würden, während Sie beim AC einen Tag lang praktische Arbeit bei Ihrem zukünftigen Vorgesetzten leisten. Es kann auch vorkommen, daß das AC in einem Hotelzimmer stattfindet und nur einen halben Tag dauert.

Das AC hat viele Facetten, die man aber alle unter dem Begriff «Arbeitsprobe für Manager» zusammenfassen kann. Man kann auch sagen «actions speak louder than words».

Wir geben dafür ein Beispiel: Nehmen wir an, Sie hätten sich um den Posten eines Niederlassungsleiters einer Großhandlung mit mehreren Filialen beworben. Man wird Sie einen oder mehrere Tage lang einsetzen, als ob Sie der neue Direktor wären, und prüft während dieser Zeit Ihr Verhalten und Vorgehen. Selbstverständlich erhalten Sie vorher alle notwendigen Informationen, und bei vernünftiger Vorgehensweise wird man Sie vor möglichen Fehlern warnen.

Wir werden in diesem Kapitel auch ein paar Aufgaben erläutern, wie Sie Ihnen in einem AC gestellt werden können. Ihr Verhalten vor Ort wird beobachtet und von Prüfern erfaßt. Dabei handelt es sich manchmal um zukünftige Kollegen, es können aber auch Berufsprüfer sein, die bei einem Unternehmensberater angestellt sind.

ACs werden sowohl von Personalberatern als auch vom Arbeitgeber selbst durchgeführt; sie werden vom Unternehmensberater unterstützt. Dies wiederum bedeutet, daß viele Unternehmen ihre eigenen ACs entwickelt haben. Die oft gebrauchte Inbasket-Technik erscheint deshalb auch in vielen verschiedenen Formen. Aus diesem Grund sind die Beispiele, die wir in diesem Buch anführen, nicht repräsentativ, was aber kaum eine Rolle spielt. Es geht ja hauptsächlich darum, daß Ihnen die Hintergründe dieser Methode bekannt sind und daß Sie wissen, was Sie erwartet.

Das AC besteht aus fünf verschiedenen Charakteristika:

1. Es wird ein Ablauf gemessen. Wo der psychologische Test einer Momentaufnahme gleichkommt, beschäftigt sich das AC vielleicht mehrere Tage mit Ihnen. Sollte der erste Tag nicht Ihr bester Tag gewesen sein, dann haben Sie bei manchen ACs noch einmal die Gelegenheit zu einem Comeback: Sie haben die Möglichkeit, während der Arbeit zu lernen.

2. Es werden verschiedene Meßtechniken angewandt, und man wird Ihnen viele verschiedene Aufgaben stellen. Wir werden noch näher darauf eingehen.

3. Ihr Verhalten wird getestet, sofern es für die reale Welt des Managers von Bedeutung ist. Die Aufgaben sind praktisch und sachlich. Sie werden dabei mit Dingen konfrontiert, die Sie als zukünftige Führungskraft als Ihr tägliches Brot betrachten müssen. Möglicherweise

müssen Sie eine Sitzung mit sämtlichen derzeitigen Angestellten Ihres zukünftigen Arbeitgebers leiten. Können Sie das schnell und effektiv? Haben Sie die Sache im Griff, oder wird daraus eine Katastrophe? Sie sehen den Unterschied: Es ist etwas ganz anderes, mitten im Geschehen zu stehen, als bloß zu behaupten, man besäße die Erfahrung.
4. Das Auswahlverfahren wird von ausgesuchten Fachkräften vorgenommen, die speziell darin ausgebildet wurden, Sie auf objektive Art und Weise zu beurteilen. Manchmal sind es bis zu fünf pro Bewerber.
5. Diese Fachleute haben ein spezielles AC-Training gemacht und gelernt, menschliche Verhaltensweisen zu beobachten und zu bewerten. Ihre Verhaltensweise am Arbeitsplatz wird somit unter die Lupe genommen, und Sie bekommen dafür Noten.
Diese Zeugnisnoten werden durch vorher bestimmte Kriterien festgelegt.

Die Entwicklung des AC

Seine Ursprünge sind bei den englischen War Office Selection Boards zu finden, die während des Zweiten Weltkrieges die Auswahlmethoden für ihre Offiziere verbessern wollten und mußten. Ihre Erfindung wurde sehr schnell vom amerikanischen Office of Strategy Service übernommen, dessen Aufgabe unter anderem darin bestand, als Spione geeignete Mitarbeiter auszusuchen.

Mackinnon, einer der Psychologen, die damals daran beteiligt waren, schrieb 30 Jahre später: «Jeder Bewerber mußte versuchen, für sich selbst eine perfekte Tarnung zu erfinden, wobei angegeben werden sollte, wo man zur Schule gegangen war, wo man gearbeitet und gelebt hatte, wobei das alles natürlich nicht stimmen durfte.»

Es dauerte dann bis 1956, bis die amerikanische Telefongesellschaft AT&T diese Methode zu Forschungszwecken wieder ausgrub. Erst in den sechziger Jahren beschlossen große Unternehmen wie IBM, General Electric und die Kaufhäuser Penny und Sears die AC-Methode zur Auswahl von Managern einzusetzen. Seit 1980 ist diese Technik von mehr als tausend Firmen angewandt worden, und seit 1978 gibt es sogar eine Zeitschrift «Journal of Assessment-Center Technology».

Das AC und das Potential des Bewerbers

Es gibt außer der Managerauswahl noch zwei weitere Gründe, die AC-Methode anzuwenden. Zum einen sind Firmen daran interessiert, das Wachstumspotential der eigenen Mitarbeiter kennenzulernen, zum andern den Umfang an Training und Ausbildung, die die Angestellten noch benötigen, festzustellen.

TIP

Versuchen Sie bei einem AC nicht nur Ihr Pensum und Ihre Aufgaben zu erfüllen, sondern zeigen Sie auch, daß Sie über einen scharfen Verstand verfügen, damit das Unternehmen langfristig an Ihnen interessiert bleibt.

Sechs positive Eigenschaften des AC

Eine Studie aus dem Jahr 1987 zeigt, weshalb die Methode erfolgreich zu sein scheint:

1. Die Auswahl- und Beurteilungskriterien werden sorgfältig gemessen.
2. Da es sich um konkrete Dinge handelt, zeigt die Verhaltensweise des Prüflings auch seine zukünftigen Reaktionen.
3. Beobachtung und Beurteilung durch verschiedene voneinander unabhängige Prüfer.
4. Eine systematische Schätzung des Beurteilungsvorganges.
5. Viele wissen mehr als einer allein: mehrere Prüfer sind beteiligt.
6. Die Vorgabe praxisbezogener Abläufe stimuliert den Prüfling.

An dieser Methode gibt es aber auch einiges auszusetzen. Wir kommen später darauf zurück.

Wie entwickelt man ein AC?

Ein AC zu entwickeln ist eine kostspielige und zeitraubende Angelegenheit. Damit Sie sich eine Vorstellung machen können: Man schätzt die reinen Entwurfskosten auf etwa 35 000,– DM. Damit ist aber noch kein einziger Bewerber geprüft worden.

Wir erklären Ihnen kurz den Vorgang: Bevor man einen Bewerber zu einem AC schickt, wird die vorgesehene Funktion beschrieben. Es wird festgelegt, welchen Platz die in Frage stehende Position innerhalb des Unternehmens einnimmt, welche Ziele mit dieser Position angestrebt werden und wie es um die Aufgaben und die Verantwortung des Angestellten steht. Anschließend wird eine Funktionsanalyse gemacht. Dabei wird untersucht, welches Verhalten für diese Position wichtig ist. Das Ergebnis wird umgesetzt in Verhaltensdimensionen, das heißt was wesentlich ist für die gute Arbeitsleistung, nach der der Bewerber beurteilt werden soll. Dimensionen bedeuten in diesem Fall persönliche Eigenschaften und Begabungen, jedoch nicht Fachkenntnisse.

Nun werden konkrete Arbeitssituationen nachgeahmt, in denen sich der Bewerber bewähren muß, und mit deren Hilfe das gewünschte Verhalten, die vorhin erwähnten Dimensionen, herausgearbeitet werden kann. Erfahrene Assistenten werden versuchen, das hier verlangte Verhalten in der praktischen Situation zu bewerten.

Welche Aufgaben erwarten Sie?

Beim AC sind die Aufgaben eingeteilt in Gruppen- und Einzelübungen. Ein typischer Gruppenauftrag besteht darin, an einer Besprechung teilzunehmen. Eine Einzelaufgabe könnte aus der Posterledigung in einer fiktiven Firma bestehen.

Wie bereits erwähnt, hat jedes Unternehmen seine eigenen Prüfungsmethoden. Die Normen können dabei stark differieren, was für Sie bedeuten kann, daß die Erledigung einer Aufgabe einmal mit gut und ein zweites Mal mit unzureichend bewertet wird. Wahrscheinlich werden meistens Gruppenaufgaben gestellt, was nicht heißen soll, daß diese Übungen Ihre Führungsqualitäten am besten erfassen. Möglicherweise spielt hier die Tradition noch eine Rolle. Dazu kommt, daß es nicht schwierig ist, diese Aufträge umzusetzen und auszuführen.

Wir werden jetzt verschiedene AC-Aufgaben durchnehmen:

Schlechte Nachrichten: Zuerst informiert man Sie über eine Abteilung und einen Mitarbeiter dort. Nachdem Sie sich entsprechend vorbereitet haben, müssen Sie der Personalabteilung eine negative Mitteilung über den Mitarbeiter machen. Dabei kann es sich um eine Entlassung, eine Versetzung innerhalb der Firma oder eine Gehaltskürzung handeln. Man möchte nun von Ihnen wissen, wie Sie da praktisch vorgehen.

Hinweis: Sie sollen einen Vorgesetzten in einer bestimmten Angelegenheit beraten. Wie gehen Sie vor? Welche Argumente führen Sie an? Hat Ihre Erklärung Hand und Fuß? Machen Sie einen oder mehrere Vorschläge? Welche Lösung vertreten Sie, oder überlassen Sie das Ihrem Gesprächspartner?

Herausforderung und Rechtfertigung: Sie werden mit Absicht provoziert und man greift Sie entweder persönlich oder fachlich an. Dabei wird geprüft, ob Sie Streß aushalten können. Wenn man Sie zur Rede stellt und Sie sich rechtfertigen müssen, kann man Ihnen vorwerfen, Sie hätten ein Projekt nicht gut ausgeführt und sich in Ihrer Aufgabe geirrt. Geben Sie nun Ihrem Chef die Schuld, oder schieben Sie sie auf Ihre Mitarbeiter, Zulieferer und andere? Übernehmen Sie die volle Verantwortung mit sämtlichen Konsequenzen? Werden Sie versuchen, die Schuldfrage zu zerreden, oder wollen Sie probieren, selbst das Problem zu lösen? Der Prüfer wird vor allem letzteres schätzen.

In-basket: Dieser oft gebrauchte und sehr bekannte Test versucht, ein Breitband von Qualitäten zu erfassen. Fachleute sind der Meinung, daß mit dieser Methode folgende Eigenschaften des zukünftigen Managers gemessen werden können: planen und organisieren, delegieren, Management-Kontrolle, eigene Meinungsbildung, Entscheidungsfreudigkeit, Problemanalyse, Initiative ergreifen, schriftliche Kommunikation, Einfühlungsvermögen bei organisatorischen Angelegenheiten, Selbständigkeit und natürliche administrative Fähigkeiten. Für eine so einfache Übung ist das recht viel.

Bei diesem Test wird dem Bewerber ein Kasten mit Post vorgelegt. Seine Aufgabe ist es nun, bei jedem Brief sofort eine Entscheidung zu treffen und Prioritäten zu setzen. Welche Briefe müssen zuerst bearbeitet werden und wie? Welche können warten? Der Manager sitzt an einem Schreibtisch, und als Hilfsmittel stehen ihm nur Telefon, Bleistift und ein Stück Papier zur Verfügung, möglicherweise auch ein Computer. Seine Aufgabe muß er innerhalb einer bestimmten Zeit gelöst haben. Bei jedem Brief muß er angeben, was er damit vorhat, zum Beispiel

- eine Versammlung intern oder extern einberufen,

- ein internes Memorandum schreiben (an eine Sekretärin, an ein Mitglied der Verwaltung),

- ein internes Memorandum beantworten,

- einen Geschäftsbrief aufsetzen,

- jemanden anrufen oder ein Telegramm, Telex oder Fax schicken,

- der Direktion einen Vorschlag unterbreiten,

- sonstige erforderliche Handlungen.

Nach dieser Aufgabe wird der Bewerber gebeten, mittels Fragebogen oder Interview auf folgende Punkte einzugehen:

- Wie haben Sie die Priorität gesetzt?

- Welche Gründe hatten Sie dafür?

- Wie ist Ihre Meinung über das Unternehmen, nach dem Sie durch die eingegangenen Briefe einen Einblick gewinnen könnten?

- Möglicherweise können Sie auch gefragt werden, wie Sie sich selbst sehen. Was für eine Persönlichkeit haben Sie? Wie würden Sie bei Ihrer Arbeit vorgehen? Diese Frage stellen wir uns vielleicht manchmal selbst, wenn wir zum erstenmal in einer Firma zu Besuch sind. Wir sehen den unaufgeräumten Schreibtisch, Aktenstöße am Boden, überquellende Bücherschränke und versuchen uns ein Bild von der Persönlichkeit und den Interessen des Gastgebers zu machen.

Bei diesen Vorgängen wird dem Bewerber oft erzählt, daß jetzt Samstag oder Sonntag sei und sich niemand im Büro befinde. Sämtliche Unterlagen sind unter Verschluß, und er sollte ohne Hilfe einer Sekretärin zurechtkommen. Wir hoffen, daß das nicht ein Hinweis für die Zukunft des Managers ist, der soeben eingestellt wurde.

TIP

Bei der Beurteilung Ihrer Leistungen bei dieser Aufgabe ist man vor allem an Ihren Planungsfähigkeiten, Ihrem Organisationstalent, Ihrer Entschlußkraft und Ihrer Befähigung zu delegieren interessiert. Man möchte auch wissen, wie sie unter Zeitdruck mit beschränkten Informationen arbeiten. Vergessen Sie nicht, daß Sie möglicherweise die getroffene Entscheidung vertreten müssen.

Das nachstehend aufgeführte Schreiben vermittelt einen Eindruck:

Vertraulich. Lieber Hans, da die Aufgaben in Peter Müllers und meiner Abteilung sich zu überschneiden scheinen, möchte ich mich gerne mit Dir darüber abstimmen. Während der letzten Monate haben P.M.s Mitarbeiter es für notwendig erachtet, Mitarbeiter meiner Abteilung in Führungsfragen zu beraten. Ich bin der Auffassung, daß das nicht zu ihren Aufgaben gehört. Selbstverständlich läßt es sich nicht vermeiden, daß unsere Arbeit sich manchmal überschneidet, aber ich finde, daß das zu weit geht. Ich habe mehrmals versucht, mit Peter darüber zu sprechen, aber wir scheinen uns nicht einigen zu können. Es wäre mir recht, wenn wir die Angelegenheit bald erledigen könnten.

Mit freundlichem Gruß
Doris Meier

Was kann Hans unternehmen oder vorschlagen?

1. Sich nicht um das Problem kümmern.
2. Das Problem nicht vor sich herschieben.
3. Getrennt verhandeln mit Peter und Doris.
4. Ein Dreiergespräch führen und beide
   a) eine Definition ihrer Aufgaben machen lassen,
   b) daraufhin die Aufgaben verteilen.
   c) Sollte das nicht funktionieren, jedes Thema einzeln in der Gruppe besprechen.
   d) Nach einiger Zeit prüfen, wie es geht. Eventuell nachhaken.

5. Problem in einer öffentlichen Besprechung zur Diskussion stellen.
6. Absprache in größerem Rahmen vor der Verhandlung mit D. M.
7. Selber die Sache mit P.M. abstimmen und nicht durch D. M.

Sehen Sie noch andere Lösungen?

Eine Beurteilung schreiben: Sie werden beauftragt, eine Analyse und Interpretation von schriftlichem Material zu machen. Dabei kann es sich um die Erstellung von Zeugnissen, Bauzeichnungen oder Finanzberichten handeln. Manche Angaben sind vielleicht undeutlich, überflüssig oder doppelsinnig. Es kann auch vorkommen, daß Ihnen wesentliche Informationen absichtlich vorenthalten werden. Wie gehen Sie hier vor? Beklagen Sie sich über nicht ausreichendes Material? Versuchen Sie sich so gut wie möglich zu arrangieren, oder haben Sie eventuell vor, sich auf nicht ganz korrekten Wegen das fehlende Material zu beschaffen? Sie könnten möglicherweise Mitarbeiter oder den verantwortlichen Personalchef anrufen, um weitere Informationen zu erhalten. Auf alle Fälle müssen Sie abschließend einen Bericht mit Ihren Schlußfolgerungen und dazugehörenden Empfehlungen abgeben.

Präsentation: Nach entsprechender Information sollen Sie nach einer angemessenen Vorbereitungszeit eine Übersicht geben über beispielsweise einen neuen Marketingplan oder eine neue Idee zur Produktentwicklung, wohlgemerkt vor einem Publikum, das aus Mitarbeitern, Vorgesetzten und Direktoren besteht. Ihre Aufgabe kann auch in einer Präsentation des von Ihnen beim AC geschriebenen Artikels bestehen. Denken Sie bitte bei Ihrer schriftlichen Aufgabe daran.

Es besteht durchaus die Möglichkeit, daß Ihre Zuhörer negativ auf Ihre Vorstellungen reagieren und Sie hier und da mit aggressiven oder abfälligen Bemerkungen konfrontiert werden. Was machen Sie dann? (Siehe auch Kapitel 6.)

Sitzung: Der Bewerber spielt die Rolle eines Mitgliedes oder, was öfters vorkommt, diejenige des Vorstandsvorsitzenden. Um ihn herum befinden sich Ihre zukünftigen Kollegen. Während dieser Sitzung wird Ihr Verhalten sehr genau beobachtet und geprüft. Sie müssen sich dessen ständig bewußt sein.

Welche Aufgaben erwarten Sie? Man kann es Ihnen einfach machen, indem man Sie bittet, eine normale Sitzung zu leiten, wie sie vielleicht täglich in dieser Firma stattfindet. Sie dürfen sich aber auch nicht wundern, wenn Sie die Aufgabe bekommen, einen bestimmten Standpunkt zu vertreten, bei dem die anderen Teilnehmer genau das Gegenteil befürworten. Von Ihnen will man nur wissen, welchen Kompromiß Sie erzielen können. Seien Sie dabei nicht zu nachgiebig, denn Sie möchten sicherlich nicht als schwacher Manager dastehen, der nicht in der Lage ist, seine Meinung durchzusetzen. Andererseits sollte Sie sich davor hüten, Ihre Gesprächspartner mit Argumenten zu erdrücken. Man könnte Sie als autoritären und diktatorischen Manager abstempeln. Die meisten Unternehmen geben einem kompromißfähigen Manager den Vorzug. Sie merken, daß Ihr Verhalten hier sehr stark abhängig ist von der Firmenstruktur.

Aufstellung eines Etats: Dies ist eine weitere Aufgabe, die ebenfalls in der Gruppe durchgeführt und oft angewandt wird. Sie besteht darin, das Budget für eine Handels- oder Non-profit-Gesellschaft festzulegen und die einzelnen Posten zu verteilen. Man muß versuchen, zusammen mit der Gruppe zu einer optimalen Lösung – eventuell zu einem Kompromiß – zu gelangen.

Beförderung: Bei dieser bekannten Gruppenübung soll ein Mitarbeiter für eine Beförderung ausgesucht werden. Zusammen mit den Kollegen muß eine Rangordnung von Bewerbern, die hierfür in Frage kommen, aufgestellt und vielleicht sogar verteidigt werden.

Business game: Hierbei kann der zukünftige Arbeitgeber eine Situation erfinden, in der Sie der Inhaber oder Gesellschafter einer kleineren Fabrik sind. Die Marktsituation verändert sich stündlich. Man wird Ihnen keine Vorbereitungszeit einräumen, und Ihre Aufgabe wird absichtlich vage, breitgefächert und kompliziert gehalten. Für dieses Spielchen wird oft ein Computer eingesetzt. Es geht dabei darum, hinter die Grundregeln des Computerprogramms zu kommen, um festzustellen, ob Sie auf dem richtigen Weg sind. Der Ablauf ist mit vielen Hindernissen versehen. Wie lange halten Sie durch?

Gruppenspiele: Bei dieser Aufgabe geht es um Fragen der Arbeitsverteilung. Die Gruppe muß unter Ihrer Leitung ein Problem lösen. Es kann auch vorkommen, daß Sie körperlichen Einsatz bringen müssen, indem Sie zusammen ein Gerät aufbauen. Denken Sie daran, daß es meistens darum geht, auf welche Weise Sie eine Gruppe führen. Können Sie delegieren, koordinieren, Menschen motivieren?

Gruppenspiele werden übrigens nicht nur im Geschäftsleben durchgeführt, sondern auch bei Zulassungsexamina für gewisse Ausbildungen.

Die Fachwelt ist der Meinung, daß die Bewerber diese Methode im allgemeinen als herausfordernd, spannend, anstrengend und lehrreich empfinden und selten als bedrohlich oder langweilig. Die Manager haben keine Einwände; zum einen stellt man fest, daß der Bewerber eher gegen sich selbst kämpft als gegen andere, und zum andern ist dieser Streß sicherlich zu ertragen.

Sind die Bewerber tatsächlich dieser Meinung, oder spricht hier jemand, der sein tägliches Brot beim AC verdient? Es ist wohl richtig anzunehmen, daß ein nüchtern denkender Manager es als angenehmer empfinden wird, konkrete und praktische Probleme zu lösen als sich mit irgendwelchen obskuren Tests abgeben zu müssen.

Informationen sammeln: Nach einer kurzen Beschreibung eines akuten Problems oder Vorfalls muß der Bewerber einer Kontaktperson Fragen stellen, meistens einem der Prüfer oder Rollenspieler. Aufgrund der erhaltenen Informationen soll innerhalb einer vorgegebenen Zeit ein Entschluß entweder gefaßt, widerrufen oder bestätigt werden. Dies wird der Kontaktperson mitgeteilt, worauf diese sehr wahrscheinlich um nähere Informationen bitten wird. Es ist durchaus möglich, daß die angeführten Argumente absichtlich angefochten werden.

Mitarbeiterbesprechung: Eine Verhandlung mit dem Staatssekretär eines Ministeriums wird vorbereitet, indem ein Mitarbeitergespräch anberaumt wird. Nachdem die Mitarbeiter ihre Meinung dargelegt haben, kann der Prüfling weitere Fragen stellen, er kann auf ihre Vorstellungen eingehen oder aber andere Richtlinien und Hinweise geben.

Planung: Bei dieser Aufgabe müssen Sie für Ihre Mitarbeiter Aufgaben planen. Möglicherweise muß eine Änderung wegen Krankheit, Vakanz oder Personalumstrukturierung in Betracht gezogen werden. Vielleicht müssen Sie sogar einen Arbeitsplan aufstellen.

Weitere Aktivitäten im AC

Obschon die nachstehend aufgeführten Aktivitäten eigentlich nicht zum AC gehören, weil sie keine Nachahmungen der Wirklichkeit sind, werden sie dort oft verlangt. Ihr Verhalten bei diesen Aufgaben wird beobachtet und bewertet. Wir geben ein paar einfache Beispiele:

Rollenspiel: Sie sitzen in einem Ausschuß, der die Gewinne des vergangenen Jahres auf mehrere Abteilungen verteilen soll. Selbstverständlich beanspruchen Sie ein Großteil für Ihre eigene Abteilung, aber auf diese Idee sind Ihre Kollegen auch schon gekommen. Ihre Aufgabe ist nun, in diesem Rollenspiel zu zeigen, wie Sie mit Ihren Kollegen zu einer intelligenten und flexiblen Lösung finden. Denken Sie daran, daß Sie einerseits Ihre Abteilung belohnen wollen, andererseits aber Ihren Kollegen einen Gesichtsverlust ersparen möchten. Im Grunde genommen sollte jeder Teilnehmer die Sitzung mit einem guten Gefühl verlassen können. Man könnte das Ganze mit «wie gewinne ich auf der ganzen Linie» betiteln.

Gruppendiskussion: Sie nehmen an einer Diskussionsrunde mit oder ohne Diskussionsleiter teil. Manchmal sind die Rollen von vornherein deutlich festgelegt; Ihnen wird man eine bestimmte Rolle zuweisen. Andererseits kann aber auch absolute Freiheit herrschen; das hängt sehr von der in Frage stehenden Zielsetzung einer solchen Gruppendiskussion ab. Geht es zum Beispiel um das Verhalten bei der Zusammenarbeit oder darum, wie man einen bestimmten Konflikt handhabt?

Gruppendiskussion ohne Moderator: Hierbei handelt es sich um eine uralte Arbeitsprobe, die lange bevor das AC existierte verlangt wurde. Folgende Idee steht dahinter: Wenn jemand angeborene, natürliche Führungsqualitäten besitzt, wird sich das immer von selbst zeigen, also auch bei Gruppendiskussionen beim zukünftigen Arbeitgeber oder beim Personalberater. Dieser so logisch scheinende Gedankengang stimmt aber nur bedingt. Auch Psychologen werden nur durch Schaden klug.

Bei diesem Test wird versucht, folgendes festzustellen:

1. Wer übernimmt die Führung?
2. Welche Führungsqualitäten werden gezeigt?
3. Wie wird die Unfähigkeit sich zu entscheiden von der Einzelperson oder der Gruppe überwunden?
4. Wie werden die Probleme unter den Teilnehmern gelöst?
5. Kann man klare und realistische Ziele festlegen?
6. Wie wird Übereinstimmung in der Gruppe erreicht? Wie groß ist Ihre Kompromißwilligkeit?
7. Welche Manipulationstechniken wendet der Leiter an? Wie verhandeln Sie?

AC und psychologische Tests

Manchmal werden der Persönlichkeitstest und andere psychologische Tests in einem AC verbunden. Der Arbeitgeber möchte das Risiko, einen falschen Manager einzustellen, so klein wie möglich halten. Dieser Gedankengang ist gut, die Wirkung aber nicht, denn das AC mit seinen Methoden, die das Verhalten prüfen, wurde ja entwickelt, weil man mit der Qualität der schriftlichen Persönlichkeitstests unzufrieden war.

Worauf wird geachtet?

Wir haben mehrmals erwähnt, worauf der Prüfer großen Wert legt. Wir führen noch einmal die wichtigsten Aspekte Ihres Verhaltens auf.

Man wird Sie fragen, wie Sie mit Ihren beruflichen Erfahrungen umgehen, nach Ihren Ambitionen und Vorstellungen, wie Sie Ihre eigene Laufbahn sehen. Man wird Sie aber auch dafür interessieren, wie es um Ihr gesellschaftliches Engagement steht. Haben Sie eine ehrenamtliche Position? Sind Sie Mitglied einer karitativen Organisation? Vorsitzender des örtlichen Fußballclubs? Mitglied beim Rotary- oder Lions-Club?

Mehr noch interessieren sich die Prüfer für folgende Aspekte Ihrer Arbeit beim AC:

- Stellen Sie sich besser dar, als Sie in Wirklichkeit sind?
  Sie sehen hier den Unterschied zwischen einem persönlichen Gespräch mit einem Prüfer, einem Persönlichkeitstest und der Beurteilung Ihres Verhaltens beim AC.

- Wie steht es um Ihre geistigen Fähigkeiten? Wichtig sind Sorgfalt, Geschwindigkeit und analytisches Denken.

- Wie drücken Sie sich mündlich und schriftlich aus?

- Welchen Führungsstil haben Sie?

- Wie sehr sind Sie für diese Position motiviert?

- Wie gehen Sie mit anderen Menschen um?

Natürlich können noch viele andere Gesichtspunkte Ihres Verhaltens und Ihrer Fähigkeiten erfaßt werden.

Leider wird der Bewerber in den meisten Fällen kaum über seine Ergebnisse beim AC informiert. Oft werden die Resultate der Aufgaben, bei denen er nicht so gut abgeschnitten hat, nur vage umschrieben, was schade ist, denn selbstverständlich ist man daran interessiert zu erfahren, wie man seine Schwachpunkte verbessern kann. Es könnte ja sein, daß man morgen bereits wieder an einem AC teilnehmen muß.

TIP

Sie haben ein Recht auf eine Erläuterung, wie Sie bei diesem Test abgeschnitten haben. Erkundigen Sie sich trotz eines abschlägigen Bescheides danach:
1. wie Sie bei sämtlichen Aufgaben bewertet wurden,
2. welche Seiten Ihres Verhaltens oder Ihrer Fähigkeiten nicht sehr ausgeprägt sind und
3. wie Sie das verbessern können.

Vorbereitung auf das AC

Wie können Sie sich am besten darauf vorbereiten, damit Sie gut abschneiden?

1. Bitten Sie den Arbeitgeber und das Personalbüro um ausführliche Informationen. Sehr wahrscheinlich wird man Ihnen ein Merkblatt zuschicken.
2. Erkundigen Sie sich nach der Art der Aufgaben, die Sie erwarten. Es ist anzunehmen, daß man Ihnen darüber keine Auskunft geben wird. Ferner können Sie sich noch besser vorbereiten, wenn Sie sich über Verhandlungstechniken informieren.

3. Versuchen Sie, soviel wie möglich über die Firmenstruktur in Erfahrung zu bringen. Lesen Sie Geschäftsberichte, sammeln Sie Zeitungsausschnitte, und versuchen Sie, ein unverbindliches Gespräch mit Mitarbeitern des Unternehmens zu arrangieren. Es ist sehr wichtig, sich über Interna zu informieren.
4. Besuchen Sie spezielle Trainingskurse auf diesem Sektor.

Kritische Punkte

Aus wissenschaftlicher Sicht gibt es am AC wie auch bei den psychologischen Tests einiges auszusetzen. Hier spielen Wert und Zuverlässigkeit ebenfalls eine Rolle (siehe Kapitel 2). Egal wie gut der Prüfer ausgebildet ist: Eine gewisse Subjektivität bei der Beurteilung wird sich nie vermeiden lassen. Ferner sind die vorher festgelegten Kriterien oft ziemlich willkürlich. Wo soll man die Grenzen setzen, wenn man das antiautoritäre Führungsverhalten eines Bewerbers definieren möchte? Wenn mehrere Prüfer über Ihr Verhalten bei einer Prüfung diskutieren und ihre Meinungen dabei auseinandergehen – welche wird ausschlaggebend sein und weshalb gerade diese?

Die BARS-Methode

Ein anderes neues Auswahlverfahren, das wenig mit psychologischen Tests gemeinsam hat, ist die «behaviorally-anchored rating scale». Diese Beurteilungsskalen basieren auf dem Verhalten eines Menschen und nicht so sehr auf seinen Bedürfnissen und seinen Charaktereigenschaften. Hierbei gibt es keinen Standardfragebogen, sondern nur einen groben Umriß, der vom Arbeitgeber der jeweiligen Situation angepaßt wird. Deshalb ist diese Methode für den Auftraggeber sehr teuer. Für den Fall müssen neue Untersuchungen gemacht werden, um für einen einmaligen Gebrauch einen Fragebogen zu erstellen. Von Konkurrenten kann er nicht verwendet werden. Wir wollen versuchen zu erklären, wie diese Methode entstanden ist und woraus sie besteht:

1. Es geht darum, möglichst viele Einzelheiten in Erfahrung zu bringen, die die Arbeit der derzeitigen Mitarbeiter, sprich zukünftigen Kollegen, in Verhaltensnormen ausdrücken.
Wie gelangt der Prüfer an diese Informationen? Er kann Gruppendiskussionen mit Firmenangestellten abhalten, er kann sich auch mit Direktoren, Personalchefs oder Kollegen unterhalten, die auf der gleichen Stufe wie der Bewerber stehen. Hierbei ist es wichtig, eine möglichst große Anzahl von Informationen zu erhalten.
2. Nach einer ersten Zusammenfassung werden Informationen sortiert. Manche werden gleich zusammengestellt, andere werden präzisiert. Bei denen, die übrigbleiben, wird nach Definitionen gesucht, mit denen alle Teilnehmer einverstanden sind. Ist keine Einigung zu erzielen, dann wird der Punkt gestrichen.
3. Jeder der Teilnehmer muß nun einzeln eine Verhaltensbeschreibung vornehmen. Wenn zum Beispiel die Bezeichnung «Streßbeständigkeit» erläutert werden soll, dann muß das in einer konkreten Situation gezeigt werden, in der der Manager sich natürlich geben soll.
4. Daraufhin wird eine provisorische BARS-Aufstellung entworfen mit spezifischen Verhaltensnormen. Die Teilnehmenden erhalten folgende drei Aufgaben:
a) eventuell die Formulierungen der Verhaltensbeschreibungen präzisieren,
b) diese Beschreibungen in zueinander gehörige Kategorien einteilen und
c) darstellen, welche Beschreibungen zu den ursprünglichen Angaben gehören.

Bei Unklarheit wird der Fall gestrichen.
Wir zeigen einige Beispiele von zu beurteilenden Verhaltensbeschreibungen:

- Zeigt ein Manager Autorität in einer Problemsituation?

- Ist seine Zusammenarbeit mit Kollegen effektiv und wenn ja in welchem Umfang?

- Ist er ein guter Beobachter?

- Besitzt er ein gutes Gedächtnis für Details?

- Kann er richtig und schnell entscheiden?
- Ist er verbindlich gegenüber anderen?
- Vermeidet er schwierige Situationen und wenn ja, welche?

5. Die Teilnehmer – es sind noch keine Bewerber dabei – müssen nun zu diesem Zeitpunkt der Prüfung angeben, ob die Verhaltensbeurteilung überdurchschnittlich ist, in der Mitte liegt oder unter dem Durchschnitt. Sämtliche vorliegende Verhaltensbeschreibungen werden somit nach dieser einfachen Dreieraufteilung bewertet.
6. Wir kommen jetzt zur letzten Hürde, die zur abschließenden «performance appraisal scale» führt. Hierbei handelt es sich um einen statistischen Vorgang, mit dem wir Sie nicht langweilen möchten. Es geht darum, daß jetzt objektive Normen feststehen, an denen die Beurteilung des Bewerbers gemessen werden kann.

Wie bereits erwähnt, wird diese Methode für den Bewerber nach Maß zugeschnitten. Im Prinzip kann ein konkurrierendes Unternehmen mit einer solchen BARS-Skala nicht viel anfangen. Allerdings ist vieles möglich, wenn die Unterschiede zwischen zwei Konkurrenten gering sind.

Woran erkennt man die BARS-Methode?

Sie erhalten eine Aufgabe, die einer Situation oder der neuen Position, die Sie sich erhoffen, so gut wie möglich nachempfunden wurde. Während oder nach einer solchen Aufgabe wird Ihre Reaktion in Relation zu den bereits ermittelten Verhaltensbeurteilungen begutachtet von einem, meistens aber von mehreren Prüfern.

Ihr Verhalten kann auf verschiedene Weise gemessen werden:

a) Sie erhalten einen Auftrag wie beim AC in einem wirklichen Büro oder mit einer fingierten Testsituation.
b) Sie machen bei einem Rollenspiel mit, und Ihr Verhalten wird sofort bewertet. Vielleicht zeigt man Ihnen auch einen Videofilm, in dem durch Schauspieler Ihre zukünftige Arbeit in verschiedenen Situatio-

nen dargestellt wird. Einer der Schauspieler stellt Sie dar. Der Film zeigt verschiedene Vorgänge, die bei Ihrer zukünftigen Arbeit entstehen könnten. Bevor nun der Schauspieler, der Ihre Rolle spielt, in Aktion tritt, wird jeweils der Film angehalten, und man fragt Sie, wie Sie reagieren würden.

c) Während eines Interviews werden Ihnen Fragen gestellt wie: «Angenommen, Sie befinden sich in folgender Situation ...
Wie würden Sie reagieren, auftreten und handeln?»

Sie erkennen jetzt die Parallelen zum AC.

Kommen Sie mit der BARS-Methode zurecht?

Wie groß ist die Chance, daß Sie daran teilnehmen müssen?

1. Nur Großunternehmer können sich die BARS-Methode leisten. Sie ist zu teuer und aufwendig, um nur von ein paar wenigen Bewerbern in Anspruch genommen zu werden.
2. Das bedeutet, daß diese Methode für Spitzenpositionen, von denen es in jedem Unternehmen nur wenige gibt, denkbar ungeeignet ist. Sie paßt besser für die Besetzung von Positionen im mittleren Management.
3. Nur diejenigen Unternehmen, die über moderne Auswahlmethoden verfügen, werden sich an die Entwicklung einer BARS-Liste wagen. Kurzum, im Moment besteht kaum Gefahr, daß Sie mit der BARS-Methode konfrontiert werden. Möglicherweise wird sich das aber bald ändern.

Wie können Sie sich auf diesen Test vorbereiten? Hier gibt es weniger Möglichkeiten als beim psychologischen Test. Sie müssen sich in Ihrer Arbeit gut auskennen und entsprechend handeln. Reagieren Sie schnell, und denken Sie an unsere Hinweise beim AC.

Gibt es noch eine Zukunft für den psychologischen Test?

Es geht dabei nicht um die Prüfungsmethoden, sondern um das Auswahlverfahren. Wir möchten dazu folgende Prognose wagen: Wir vermuten, daß es in zehn bis fünfzehn Jahren keine psychologischen Tests mehr geben wird. Man neigt immer mehr zu der Auffassung, daß der «Papier-und-Bleistift-Test» zu einfach sei. Das Verhalten eines Menschen kann man kaum durch einfache schriftliche Fragen vorhersehen. Man könnte den schriftlichen Test wohl verbessern, aber im Grunde genommen hat es keinen Sinn, und es ist reichlich naiv von den Psychologen anzunehmen, daß die Persönlichkeit eines Menschen mit ein paar hundert Fragen festgelegt werden kann.

Wir leben in einem Zeitalter der Rassenverschmelzungen. Die Psychologen sind davon überzeugt, daß Minderheiten durch Tests diskriminiert werden. Es gibt nur wenige Tests, die keine Anforderungen an einen kulturellen Hintergrund stellen, und damit sprechen sie doch wiederum nur eine bestimmte Gruppe von Menschen an. Wie kann man Minderheiten zu einer fairen Chance verhelfen?

Hierdurch wird klar, daß die Arbeitgeber weiterhin Probleme hinsichtlich der Auswahlverfahren haben werden. Weitere Alternativen müßten gefunden werden; zwei davon haben wir in diesem Kapitel besprochen.

Kapitel 6:
Tests für Verkäufer und Unternehmer

Einleitung

Manche Manager bekleiden eine Doppelfunktion. Sie leiten eine Gruppe von Mitarbeitern auf «kommerzieller Basis». Wir sprechen u. a. von Sales-Managern, Verkaufsleitern, Verkaufsingenieuren und Handelsdirektoren. Von ihnen wird erwartet, daß sie zum einen eine leitende Position bekleiden und zum andern in der Lage sind, selbst zu verkaufen. Sales-Manager führen oft eigene Verkaufsgespräche bei den wichtigsten großen Kunden eines Konzerns.

Führungsqualitäten werden durch die bereits erwähnten Managementtests erfaßt. Um die Verkaufsfähigkeiten zu messen, gibt es verschiedene Verkaufstests. Es gibt keine Tests, die beides gleichzeitig erfassen können, ausgenommen ganz spezifische Aufgaben, von denen wir später in diesem Kapitel einige Beispiele geben.

Die neueren Trends gehen dahin, daß den Unternehmen daran gelegen ist, mehr als nur einen guten Verkaufsleiter einzustellen. Es wird intensiv nach Unternehmern gesucht sowie nach Managern mit Unternehmermentalität – nach jemandem, der innerhalb eines Unternehmens tätig ist, aber über genügend Vollmachten verfügt, um selbständig aufzutreten. Hierbei geht es oft um Tochterfirmen eines größeren Konzerns, was natürlich Sicherheit für den Unternehmer bedeutet, weil die Hauptverwaltung für sein monatliches Gehalt aufkommt.

Auch andere Parteien interessieren sich für unternehmerische Fähigkeiten. Denken Sie an Banken und andere Geldinstitute, die gern folgende Frage beantwortet hätten: Können wir von der Voraussetzung ausgehen, daß ein Unternehmer, der ein gutes Konzept vorlegt, auch in der Lage ist, einen Betrieb auf die Beine zu stellen und erfolgreich zu führen? Ist andererseits jemand, der ein schlechtes Konzept vorlegt, gleichzeitig auch ein schlechter Unternehmer? Die Antwort darauf ist sehr wichtig – sowohl für die Bank wie für den Kreditnehmer. Leider sind die Dinge so einfach nicht, und die Bank wird mehr Auskünfte benötigen als nur den «business plan», der auf phantasievolle und ansprechende Art vorgestellt wird. Der Unternehmer muß getestet werden.

Wir werden uns in diesem Kapitel hauptsächlich mit kommerziellen Tests befassen und fünf Methoden für die Auswahl von Verkäufern beschreiben. Zu jedem Test geben wir ein paar Beispiele mit Originalfragen. Anschließend werden wir kurz über die Auswahl von Unternehmern sprechen.

Einige Überlegungen zuvor

Für die Auswahl eines Verkäufers gibt es keinen einzigen psychologischen Test, der qualitativ in Ordnung ist.

Das ist für den Arbeitgeber, für den Personalberater und für den Bewerber ärgerlich. Hier besteht wirklich eine Marktlücke, und derjenige, dem es gelänge, einen adäquaten Verkaufsprüfungstest zu entwerfen, könnte sich ein kleines Vermögen verdienen. Unserer Auffassung nach ist es altmodisch, sich vorzustellen, daß man mit einem einfachen schriftlichen Test erfassen soll, wie gut ein Verkäufer seinen Kunden überzeugen kann.

Wohl ist es möglich, einen speziell auf ein bestimmtes Unternehmen zugeschnittenen Verhaltenstest zu entwerfen. Durch die extrem hohen Kosten ist dies jedoch nur Großkonzernen vorbehalten (siehe dazu auch Kapitel 5, der BARS-Test).

Es gibt unzählige psychologische Verkaufstests auf dem Markt. Außer in Fachkreisen ist kaum etwas darüber bekannt. Wir nehmen an, daß viele Unternehmensberater ihre eigenen Tests entworfen haben, über die aber nichts veröffentlicht wird und denen die wissenschaftlichen Grundlagen fehlen.

Was zeichnet einen guten Verkäufer aus?

Ein Verkäufer kann vieles sein. Die Berufsbezeichnung ist nicht so eindeutig zu definieren, wie etwa die einer Sekretärin, weil jeder etwas anderes darunter versteht.

Der Verkäufer kann verschiedene Aufgaben übernehmen, von denen jede eine andere Verhaltensweise verlangt. Wir wollen hier sechs Möglichkeiten untersuchen, denn es ist wichtig für Sie zu wissen, wo Sie sich einsetzen und welche Akzente Sie setzen sollen.

1. Der Verkäufer als Vertreter seines Unternehmens: Hier ist es klar, daß er die lebende Visitenkarte seiner Firma darstellt. Der Verkäufer muß sich seinem Vorgesetzten gegenüber immer loyal zeigen – auch außerhalb der Arbeitszeit.

2. Der Verkäufer als Werbechef/Werbefachmann: Er beschäftigt sich ganz bewußt damit, seine Firma in der Öffentlichkeit zu verkaufen. Seine persönliche Ausstrahlung soll somit im Einklang stehen mit dem Firmenbild. Er macht Werbung für seine Firma und repräsentiert die Produkt- und Servicequalität des Unternehmens.
3. Der Verkäufer muß seinem Arbeitgeber gegenüber auch seinen Kunden repräsentieren, das heißt, er muß dessen Interessen vertreten, wenn es um Probleme oder Reklamationen geht.
4. Der Verkäufer ist eine Informationsquelle. Er bietet dem Abnehmer die Information, die zu einem Verkaufsabschluß führt und hilft ihm damit, eine Entscheidung zu treffen.
5. Es kann auch vorkommen, daß der Verkäufer Fachmann auf dem Gebiet dessen, was er verkauft, ist.
6. Manchmal muß ein Verkäufer seine Produktion präsentieren und vor einem Zuhörerkreis seine Ideen entwickeln. Dazu muß er sehr gut informiert sein über Präsentationstechniken und wissen, wie man mit Überzeugungskraft argumentiert.

TIP

Es ist für Sie wichtig, genau zu wissen, welche Rolle Sie als zukünftiger Manager und Verkäufer zu spielen haben; Sie können sich dann viel leichter vorbereiten. Sollen Sie eher der Experte sein oder sich mehr um Präsentationen kümmern? Normalerweise bringt der Prüfer mehrere Funktionen zur Sprache, die Sie dann später darstellen müssen.

Der Begriff Verkäufer hat, wie gesagt, viele Definitionen. Schließlich verkauft fast jeder jemandem etwas, ob es nun der Getränkefahrer ist, der von Haus zu Haus geht, oder der Ingenieur, der seinem arabischen Land eine komplette Fabrik verkauft. Wer hat noch nie versucht, sein altes Auto an den Mann zu bringen?

Woran erkennt man einen Verkäufer? Womit müssen Sie rechnen, wenn Sie eine Verkaufsposition anstreben?

1. Ein Verkäufer steht immer in direktem Kontakt zu seinen Kunden. Beim persönlichen Gespräch ist der Kunde am leichtesten zu beeinflussen.
2. Der Verkäufer soll immer die Einstellung seines Kunden in die von ihm gewünschte Richtung beeinflussen, das heißt, ihn zum Abschluß bewegen. Oft ist der Kunde am Angebot des Verkäufers nicht interessiert, oder er sieht keinen Bedarf, oder das Konkurrenzangebot ist besser. Der Verkäufer ist dann gezwungen, eine sogenannte «Wahrnehmensänderung» vorzunehmen. Der Kunde soll die Welt durch die Brille des Verkäufers sehen.

Sie sehen, wie wichtig es für den Verkäufer ist, sich selbst gut darzustellen, zu überzeugen und die richtige Ausstrahlung zu besitzen. Auf diese wichtigen Punkte wird man beim Auswahlverfahren besonders achten: Wirken Sie überzeugend? Argumentieren Sie richtig? Können Sie zuhören, und verstehen Sie, was Ihr Gegenüber Ihnen zu sagen versucht? Fangen Sie doch einmal mit dem Versuch an, dem Prüfer etwas Wichtiges zu verkaufen: sich selbst!

Nach welchen Kriterien wird ein Verkäufer beurteilt?

Für den Prüfer ist das keine einfache Frage, und das gilt nicht nur für Bewerber, mit denen man noch keine Erfahrungen gemacht hat, sondern auch für langjährige Angestellte, die im Zusammenhang mit einer Beförderung getestet werden sollen. Ein Verkäufer kann nach folgenden drei Maßstäben beurteilt werden:

1. Verhalten:

Das Verhalten eines Menschen ist für jeden wahrnehmbar, ob es sich nun um lesen, schreiben, laufen oder diktieren handelt. Der Prüfer wird also Ihr Verhalten während des Testablaufs beobachten.

2. Leistung:

Die Form des Verhaltens, die dem Arbeitgeber den Erfolg bringt; hierbei handelt es sich um einen indirekten Beurteilungsmaßstab. Es kann durchaus sein, daß die Art und Weise, wie Sie ein Verkaufsgespräch geführt haben, gut sein kann – Sie aber trotzdem keinen Abschluß getätigt haben. Wenn Ihr Arbeitgeber einen sofortigen Abschluß erwartet hätte, wäre Ihre Leistung somit schlecht.

3. Wirksamkeit:

Die Wirksamkeit wiegt die Leistung gegen die entstandenen Kosten auf, sozusagen eine Balance zwischen Kosten und Nutzen.

Wir geben ein Beispiel: Das Verhalten eines Verkäufers wird als gut empfunden. Er hat eine Leistung erbracht: Der Kunde hat gekauft. Die Wirksamkeit war aber gleich Null, weil der Verkäufer dazu sechs Verkaufsgespräche gebraucht hat. Die dadurch entstandenen Kosten sind zu hoch.

TIP

Beim Auswahlgespräch können die Kosten eine wichtige Rolle spielen. Ein guter Verkäufer behält den Überblick über die anlaufenden Kosten. Deshalb sollten Verkäufe schnell getätigt werden, wobei es wieder von der Branche abhängt, was schnell ist. Bitte informieren Sie sich eingehend vor Ihrem Gespräch.

Die Persönlichkeit des idealen Verkäufers

Wie die Persönlichkeit des idealen Verkäufers auszusehen hat, darüber ist viel gesagt und geschrieben worden, konkrete Maßstäbe liegen aber kaum vor. Wie bereits früher erwähnt, liegt das daran, daß es zu viele verschiedene Arten von Verkäufern gibt, die man nicht alle auf einen gemeinsamen Nenner bringen kann. Den idealen Verkäufer gibt es nicht.

Trotzdem wird es Sie interessieren, wen ein Personalberater als gute Verkaufspersönlichkeit einschätzt. Wie müssen Sie sich verhalten, damit Sie als Verkäufer oder Sales-Manager eingestuft werden?

Ohne näher darauf einzugehen, werden wir ein paar Eigenschaften nennen, die als positiv gelten:

- über Mitgefühl verfügen, sich in einen andern Menschen hineinversetzen können

- Reaktionen anderer aufnehmen können

- Energisch und aktiv sein

- über Selbstvertrauen verfügen

- ein Bedürfnis nach steter Herausforderung haben

- Interesse für das in Frage stehende Produkt zeigen

- sich gerne artikulieren

- extravertiert sein, sich an andern und der Außenwelt orientieren

- den Willen haben zu «überleben»

Allerdings hat eine derartige Aufstellung wenig praktischen Wert, höchstens für eine ganz oberflächliche Prüfung, denn ein wirksames Testverfahren läßt sich daraus sicherlich nicht ableiten.

Welche Testmethoden werden verwendet?

Wie prüft man Verkäufer und Verkaufsleiter? Wir erwähnten bereits, daß es viele verschiedene Tests auf dem Markt gibt, die wir folgendermaßen einteilen und anschließend besprechen:

1. Schriftliche Tests
   a) Multiple-choice-Tests
   b) Begründungstests
   c) Aufgaben/Fallbeschreibungen
   d) Behauptungen ergänzen

2. Verhaltenstests
   a) Arbeitsproben
   b) Assessment-Center
   c) Rollenspiele

3. Mündliche Tests
   Das Interview

Zusätzlich machen Personalberater noch die üblichen Persönlichkeits- und Intelligenztests und prüfen Ihre rechnerischen Fähigkeiten. Ein guter Prüfer wird aber immer davon ausgehen, daß es wichtiger ist, einen Kunden zu überzeugen, als gut rechnen zu können. Wir werden Ihnen später in diesem Kapitel ein paar typische Rechenaufgaben stellen.

Zu Punkt 1 a): Multiple-choice-Tests

Bei diesen Tests wird Ihnen meistens eine Frage mit mehreren (meistens vier) Antworten vorgelegt. Im Gegensatz zu den üblichen Testfragen ist bei Verkaufstests oft mehr als nur eine Antwort richtig.

Die meisten Verkaufstests stammen aus den USA und wurden europäischen Verhältnissen angepaßt.

Der VCI-Test

Es handelt sich um eine Liste mit Fragen nach kaufmännischen Kenntnissen. Dieser Test wurde von dem bekannten Amerikaner Bruce neben vielen anderen Verkaufstests entworfen. Der VCI soll Ihre kaufmännischen Kenntnisse messen. Laut Bruce bedeutet das, daß der Test die Grundprinzipien des Begriffs oder der Wertung «Verkaufen» erfaßt. Es ist also nicht wichtig, wie groß Ihre Verkaufserfahrung ist und wie alt Sie sind. Es geht ausschließlich um einen umfassenden Einblick in die Materie. Wir haben da unsere Zweifel, möchten aber nicht weiter darauf eingehen.

Dieser Test besteht aus 27 Fragen, wobei jeweils vier Antworten zur Wahl stehen. Seien Sie aber vorsichtig. Jede Antwort ist mit Plus- oder Minuspunkten verbunden, die zwischen – 8 und + 11 liegen. Sie wissen nicht, wie viele Punkte Sie für Ihre Antworten bekommen. Sie sehen aber, daß der Unterschied zwischen einer richtigen und einer falschen Antwort schlimmstenfalls 19 Punkte beträgt. Die Resultate können zwischen – 136 und + 119 liegen. Bei den meisten Fragen können mehrere Antworten richtig oder falsch sein. Angenommen, Ihnen erscheinen zwei von vier Antworten richtig – Sie haben aber Schwierigkeiten sich zu entscheiden; Sie können in diesem Fall davon ausgehen, daß wahrscheinlich beide Antworten richtig sind, nur daß die eine Antwort den Begriff noch näher umreißt als die andere. Für diese bekommen Sie dann auch mehr Punkte. Antworten, die Sie übergehen, werden mit Null bewertet. Vielleicht lohnt es sich manchmal, eine Antwort absichtlich zu übergehen, um kein Risiko einzugehen. Machen Sie das aber nur, wenn Sie davon überzeugt sind, die meisten Fragen richtig beantwortet zu haben.

Der VCI ist zeitlich nicht begrenzt. Sie können sich somit soviel Zeit lassen, wie Sie möchten. Die Praxis hat gezeigt, daß Bewerber normalerweise zwischen 15 und 20 Minuten dafür benötigen.

TIP:

Diesen Test empfinden viele Bewerber lästig. Fragen und Antworten müssen Sie genau durchlesen, und wie bereits erwähnt, gibt es zu jeder Frage mehrere richtige und falsche Antworten. Wir möchten Ihnen deshalb raten, sich genügend Zeit zu nehmen und sich nicht drängen zu lassen.

Sie möchten nun natürlich gerne wissen, worum es sich dreht. Wir haben vier Fragen für Sie ausgesucht und geben, zusammen mit den Antworten, die Plus- oder Minuspunkte (Seite 159). Weshalb gewisse Antworten Strafpunkte bekommen und andere nicht, steht hier nicht zur Diskussion. Wir überlassen das den Fachleuten.

1. Frage: Wie geht ein Vertreter am besten vor, um seinen Umsatz zu erhöhen?
  A. Einen Kunden zum Essen einladen.
  B. Die neuesten Veröffentlichungen über seine Produkte lesen.
  C. Kurse in Psychologie belegen.
  D. Sich mit Wirtschaftsfragen befassen.

2. Frage: Ihr Vorgesetzter weist Sie darauf hin, daß Ihr Umsatz kleiner wird. Es ist wichtig,
  A. Ihn davon zu überzeugen, daß Sie Ihr Möglichstes tun.
  B. Ihm klarzumachen, daß man Ihnen den schlechtesten Kundenstamm zugewiesen hat.
  C. Ihn um einige Tips zu bitten, damit Sie zu einem besseren Resultat gelangen können.
  D. Ihm zu sagen, daß Sie sich eine Weile nicht wohl gefühlt haben, bald aber wieder einen vollen Einsatz bringen werden.

3. Frage: Wenn Sie mit einem schweigsamen Kunden verhandeln müssen:
  A. Sprechen Sie selber auch nicht so viel.
  B. Stellen Sie ihm ein paar Fragen, damit er sich entspannt.
  C. Schneiden Sie ein Thema an, von dem Sie wissen, daß es ihn besonders interessiert.
  D. Argumentieren Sie in der gleichen dynamischen Art und Weise wie bei jedem anderen Kunden auch.

4. Frage: Als Marketing-Manager müssen Sie ein ganz neues Medikament verkaufen. Wie gehen Sie am besten vor?
  A. An einen beliebigen Arzt herantreten in der Annahme, daß er das Medikament vielleicht gebrauchen kann.
  B. Vor einer Gruppe von Ärzten einen Vortrag halten und sie das Medikament ausprobieren lassen.
  C. Das Medikament einem bekannten Arzt anbieten.
  D. Allen in Frage kommenden Ärzten eine Probe zukommen lassen.

Für diesen Test gibt es Normen. Ihr Ergebnis wird mit den Resultaten einer früher getesteten Verkäufergruppe verglichen, wobei es sich nicht ausschließlich um Verkäufer handeln muß. Mit diesem Test scheint es möglich zu sein, Bewerber mit kaufmännischem Wissen zu erfassen. Nicht möglich ist es, innerhalb eines Betriebes sehr gute Verkäufer von guten Verkäufern zu unterscheiden.

Statistiken haben ergeben, daß folgendes geprüft wird:

- Allgemeine Einsicht, Kenntnis und Erfahrung im Verkauf. Die Entwerfer dieses Tests wollen uns zwar glauben machen, daß Erfahrung hier keine Rolle spiele. Das stimmt aber nicht!

- Reaktionen auf Probleme und Enttäuschungen beim Verkauf und bei den Beziehungen zwischen Verkäufer und Kunden.

- Überzeugungskraft, Durchsetzungsvermögen oder, wie es im Testleitfaden heißt, «kommerzielle Dynamik».

- Einfühlungsvermögen in den Beziehungen zwischen Verkäufer und Kunden.

- Der «Hard-sell».

Folgendes wird von einem guten Verkäufer erwartet. Er oder sie soll

- überzeugen können,

- sich durchsetzen können und nicht schnell aufgeben,

- sich in die Lage des Kunden hineinversetzen können,

- eine Leistung erbringen und dem Kunden helfen,

- auf dem laufenden sein über alles, was sein (ihr) Gebiet, die Firma und deren Produkte betrifft,

- ehrgeizig sein und versuchen, die eigene Leistung zu verbessern.

Bitte halten Sie sich dieses Bild vor Augen.

Der VCI gehört zu den Tests, die am häufigsten gebraucht werden. Es gibt noch ein paar andere Methoden, die wir hier kurz besprechen wollen. Dabei handelt es sich um einen Test über Verkaufskenntnisse, einen Test über Erkenntnisse im Einzelhandelsverkauf und zwei weitere über Verkaufsmotivation und zu ergänzende Sätze.

Diese vier Tests stammen aus Amerika und werden, wenn es um höhere Positionen geht, in der Originalsprache durchgeführt, wenn der Personalberater davon ausgehen kann, daß Englisch kein Problem darstellt.

Verkaufskenntnisse-Test

Dieser Test besteht aus sechs Einzelteilen:

1. Beurteilung von Verkaufssituationen
2. Physiognomie- und Namensgedächtnis
3. Beobachtungsgabe und Verhalten
4. Erlernen von Verkaufsargumenten, Kennenlernen von Produkten
5. Die Erledigung administrativer Dinge
6. Verkaufsprobleme

Dieser schon etwas ältere Test aus dem Jahre 1950 enthält bestimmte Fragen zu jedem der sechs Sub-Tests. Sein Niveau ist ziemlich niedrig, aber wir wollen Ihnen seine Höhepunkte nicht vorenthalten:

Zu Punkt 1: Beurteilung von Verkaufssituationen

Man legt Ihnen zwölf Fragen vor, die absichtlich so angelegt sind wie diejenigen des VCI. Wir geben zwei Beispiele:

1. Sie sind in einem Verkaufsgespräch mit einem Kunden. Ein anderer Kunde bittet um Ihre Hilfe. Was machen Sie?
A. Sie kümmern sich zuerst um Ihren ersten Kunden und wenden sich dann dem zweiten zu.
B. Sie erklären dem zweiten Kunden taktvoll, er möge sich bitte nach einem anderen Verkäufer umsehen.
C. Sie sagen dem zweiten Kunden: «Ich werde Ihnen gleich helfen.»
D. Sie kümmern sich um den zweiten Kunden, während der erste dabei ist, sich zu einem Kauf zu entscheiden.

Die richtige Antwort finden Sie am Ende dieses Kapitels (Seite 159).

2. Wenn Sie einem Kunden Ihre Produkte zeigen und er Ihnen sagt: «Das ist zu teuer»,

A. sagen Sie ihm, daß Sie das bedauern, Sie aber ausschließlich Spitzenprodukte führen,
B. erklären Sie ihm, daß Ihre Ware vielleicht teuer ist, dafür aber länger hält,
C. sagen Sie ihm, daß er woanders billiger einkaufen kann,
D. erklären Sie ihm, daß billigere Ware nicht so gut ist.

An diesen beiden Beispielen erkennen Sie, daß die Fragen einfach sind und sich auf den Einzelhandel beziehen.

Zu Punkt 2: Physiognomie- und Namensgedächtnis

Ein gutes Gedächtnis für Namen und Gesichter ist für einen Verkäufer besonders wichtig. Vor Beginn des Tests wird dem Kandidaten ein Blatt mit zwölf Fotos und den dazugehörenden Namen vorgelegt. Er hat vier Minuten Zeit, um sie sich einzuprägen, bevor der eigentliche Sub-Test beginnt. Glauben Sie, daß es Ihnen gelingt, den Fotos später die richtigen Namen zuzuordnen, wenn sie in anderer Reihenfolge vor Ihnen liegen?

Zu Punkt 3: Beobachtungsgabe und Verhalten

Hierbei handelt es sich um einen «Richtig-falsch»-Test. Er besteht aus 30 Aussagen, die entsprechend bewertet werden müssen. Nachstehende fünf Fragen zeigen Ihnen, um was es hier geht:

Aussage	richtig	falsch
A. Es ist empfehlenswert, sich einem Kunden gegenüber, der einen gekauften Artikel zurückbringt, leicht verärgert zu zeigen, damit er das so schnell nicht wieder macht.		
B. Die beste Methode, Ihren Kunden zu überzeugen, besteht darin, ihn in eine Diskussion zu verwickeln.		
C. Meistens ist der Preis das Hauptthema eines Gesprächs.		
D. Loyalität Ihrer Firma gegenüber verlangt, daß Sie jede sich bietende Gelegenheit ergreifen, die Konkurrenz schlecht zu machen.		
E. Manche Menschen bevorzugen ihre eigenen Ideen und halten sich nicht an vorherrschende Trends.		

Dies sind die richtigen Antworten:

A: falsch, weil die Firma einen treuen und zufriedenen Kundenstamm haben möchte..
B: falsch, weil Sie als Verkäufer in der Diskussion vielleicht das letzte Wort haben, dafür aber den Kunden verlieren.
C: falsch, denn das Wesentliche ist die Bedeutung der Ware für den Kunden.
D: falsch, denn wenn man die Konkurrenz schlecht macht, wird dadurch die eigene Ware nicht besser; zudem macht es einen schlechten Eindruck, wenn der Kunde auch bei der angeschwärzten Konkurrenz kauft.
E: richtig, denn nicht jeder Kunde ist an modischen Auswüchsen interessiert. Manche schwören auf konventionelle, vertraute Produkte und Marken.

Zu Punkt 4: Erlernen von Verkaufsargumenten, Kennenlernen von Produkten

Zu diesem Sub-Test werden dem Kandidaten drei Anzeigentexte ohne Abbildungen vorgelegt, die er sich merken soll. Anschließend werden ihm dazu Fragen gestellt, um sein Gedächtnis zu testen. Die Verbindung zum persönlichen Verkauf erscheint uns hierbei ziemlich unklar.

Zu Punkt 5: Die Erledigung administrativer Dinge

Diese Aufgabe ist sehr einfach: Sie müssen lediglich einen Gutschein ausfüllen.

Zu Punkt 6: Verkaufsprobleme

Hierbei geht es um fünf sehr einfache Rechenaufgaben; ein Beispiel genügt: ein Kunde kauft Ware für DM 160,– ein. Da er bar bezahlt, bekommt er 5 Prozent Rabatt. Wieviel muß er bezahlen? Dieser Test ist für Anfänger im Verkauf gedacht.

Test über Erkenntnisse im Einzelhandelsverkauf

Dieser amerikanische Test wurde 1971 von Cassel entworfen und ist für diejenigen gedacht, die zum einen im Einzelhandel arbeiten möchten, zum andern aber auch an Verkaufsvorgängen interessiert sind. Er besteht aus 60 Fragen, die in fünf Kategorien unterteilt sind:

1. Allgemeine Verkaufskenntnisse
2. Bedürfnisse und Motivation des Kunden
3. Wareneinkauf und Abstimmung mit dem Kunden
4. Sales-promotion
5. Verkaufsabschluß

Die Reihenfolge der 60 Fragen ist willkürlich.
Bei diesem Test ist es wichtig, sich über die Hintergedanken klarzuwerden, weil es sich bei andern Verkaufstests ähnlich verhält.
Motivation des Kunden: Verkäufe werden abgeschlossen, weil Kunden das Bedürfnis haben, Ware zu kaufen. Der erfolgreiche Verkäufer muß dieses Bedürfnis wahrnehmen und wecken können.
Anpassung verfügbarer Produkte an die Bedürfnisse des Kunden: Einzelhandelsbetriebe können meistens nur ein Bruchteil der Ware auf Lager legen, die auf dem Markt zur Verfügung steht und in ihr Sortiment hineinpaßt. Der Verkäufer muß laufend informiert sein über die Wünsche des Kunden und gleichzeitig ständig die Geschäftsleitung darüber informieren. Ideenaustausch kann zur Entwicklung neuer Produkte, zu Verbesserung laufender Bestände und zu Veränderungen im Sortiment führen.
Sales-promotion: Es gehört zu den Aufgaben eines Verkäufers, sich zu merken, welche Art von Verkaufsaktionen den Geschmack des Kunden treffen.
Verkaufsabschluß: Dieser Moment ist wichtig. Es hat keinen Sinn, dem Kunden irgend etwas anzudrehen, denn meist wird er es zurückbringen und dann nicht wiederkommen. Die Aufgabe des Verkäufers ist es, den Kunden so umfassend wie möglich zu beraten und ihm dann die Entscheidung selbst zu überlassen.
Drei Fragen zur Verdeutlichung dieses Tests:

1. Eine Lehrerin mittleren Alters kommt in meinen Ausstellungsraum und möchte ein Auto kaufen: Als Verkäufer gehe ich am besten folgendermaßen vor und empfehle:
A. ein Modell, bei dem ich einen hohen Rabatt bekomme,
B. ein Auto ohne Zubehör, das sparsam im Verbrauch ist,
C. einen roten Luxuswagen mit Betonung auf «jugendlich»,
D. einen dunklen Wagen mit Betonung auf «Schönheit»,
E. gar nichts, sondern ich warte, bis sie sich nach einem bestimmten Modell erkundigt.

2. Elektrische Haushaltsgeräte werden am besten verkauft durch die Betonung auf
A. die technischen Qualitäten des Produkts,
B. den bekannten Namen und den Ruf des Artikels und des Herstellers,
C. die praktische Vorführung des Gerätes,
D. die Beantwortung der Fragen des Kunden,
E. eigene Erfahrungen mit dem Gerät.

3. Wenn ein Kunde sich sarkastisch über meine Arbeit als Verkäufer äußert, neige ich dazu,
A. ihn zu bitten, mir seine hochmütigen Bemerkungen zu erklären,
B. zu tun, als ob ich nichts gehört hätte,
C. ganz natürlich zu lachen,
D. ihn aufzufordern, sich anständig zu benehmen,
E. mit gleichartigen Bemerkungen zu kontern.

Verkaufsmotivationstest (SMI)

Dieser Test, der 1976 von dem Amerikaner Bruce entworfen wurde, besteht aus 75 Gruppen von jeweils vier Aktivitäten. Der Bewerber muß aus jeder Gruppe jeweils eine Aktivität nennen, die er den andern aus der Gruppe vorzieht. Hierbei gibt es weder richtige noch falsche Antworten. Der Test zeigt nur, wie groß das Interesse und die Motivation des Kandidaten für eine Verkäufertätigkeit ist. Die Fragen sind leicht zu durchschauen, und es ist klar, daß der Bewerber bei der Frage, welche Fächer er lieber unterrichten würde, die betriebswirtschaftlichen nennen soll und nicht Biologie oder Mathematik. Der SMI hat Ähnlichkeit mit Berufswahltests und wird zu diesem Zweck auch öfters verwendet.

Für diesen Test gibt es keine zeitliche Beschränkung – er sollte aber in 20 Minuten beendet sein. Jede Antwort bringt – 1, 0 oder 1 Punkt. Die nachstehend aufgeführten Gruppen von Aktivitäten zeigen, wie der Test vor sich geht. Hinter jeder Aktivität steht in Klammern die entsprechende Beurteilung.

Welche Aktivität ziehen Sie den andern drei aus dieser Gruppe vor?	
Zusammenarbeit mit der Polizei	(1)
Zusammenarbeit mit den Ärzten	(– 1)
Zusammenarbeit mit den Innenarchitekten	(0)
Zusammenarbeit mit den Bibliothekaren	(– 1)
Selber ein Haus bauen	(– 1)
Ein Haus verkaufen	(1)
Blaupausen eines Hauses machen	(– 1)
Ein Haus entwerfen	(– 1)
Psychologe werden	(0)
Biologe werden	(– 1)
Börsenmakler werden	(1)
Statist werden	(– 1)
den Lebensunterhalt als Kabarettist verdienen	(1)
den Lebensunterhalt als Musiker verdienen	(0)
den Lebensunterhalt als Bühnenbildner verdienen	(0)
den Lebensunterhalt als Theaterelektriker verdienen	(– 1)
Neue Computer entwickeln	(– 1)
Bücher schreiben über Bürogeräte	(– 1)
Abteilungsleiter besuchen, um festzustellen, welche Bürogeräte benötigt werden	(1)
Marktforschungsberichte analysieren, um festzustellen, welche Bürogeräte sich am besten verkaufen lassen	(0)
In meiner Freizeit Puzzles machen	(– 1)
Abends das Radio reparieren	(0)
An einem Motor herumbasteln	(– 1)
Auf einer Party Witze erzählen	(1)

Sie haben jetzt gesehen, wo und wie Sie hier Punkte sammeln können: immer bei den Antworten, aus denen hervorgeht, daß Sie gerne mit Menschen zusammenarbeiten, kontaktfreudig sind, gerne unter die Leute gehen und ihnen etwas verkaufen. Wenn Sie das alles nicht vergessen, brauchen Sie sich bei diesem Test keine Sorgen zu machen.

Zu Punkt 1 b): Begründungstests

Der folgende Test, der von den Amerikanern Gekoski und Geisinger entwickelt wurde, besteht aus 40 Behauptungen ohne Satzende, die Sie ergänzen sollen. Beispiel:

1. Leute, die behaupten, kein Geld zu haben, ...
2. Eine Methode, um den Verkauf zu vereinfachen, ist ...
3. Wenn die Konkurrenz stärker wird, ...
4. Ein Kunde kann befürchten, ...
5. Ein zufriedener Kunde ...
6. An meinem freien Tag ...
7. Reklame ...

Für diesen Test ist keine Zeit vorgeschrieben. Der Hinweis dazu lautet: «Ergänzen Sie diese Sätze so, daß dadurch Ihre wahren Gefühle zum Ausdruck kommen. Vervollständigen Sie jeden Satz, und lassen Sie keinen aus.» Die Erfinder des Tests haben beinahe alle vorkommenden Antworten in einer Skala von fünf bis neun Punkten untergebracht. Ihre Antwort wird unter eine dieser Kategorien fallen und vom Prüfer mit einer vorgegebenen Punktzahl bewertet.

So gibt es für die Antworten zu «Ein zufriedener Kunde ...» folgende drei Kategorien:

Grundsatz 1: Behauptungen, die sich auf zukünftige Verbindungen mit dem Verkäufer beziehen; Wertung: 6 Punkte.
Beispiele für Antworten:
«... wird Ihnen zu Empfehlungen und Verbindungen verhelfen können.»
«... ist Ihre beste Reklame.»
«... kommt wieder.»
«... wird mit andern darüber sprechen.»

Grundsatz 2: Behauptungen, die sich auf die Leistung des Verkäufers beziehen; Wertung: 5 Punkte.
Beispiele für Antworten:
«... ist ausschlaggebend für den Erfolg eines Verkäufers.»
«... findet den Verkäufer, der ihm die Ware verkauft hat, sympathisch.»
«... wird nicht unter Druck gesetzt, sondern geleitet.»

Grundsatz 3: Ausdrücke, die den Kunden umschreiben und auch den Tatsachen entsprechen können; Wertung: 2 Punkte.
Beispiele für Antworten:
«... ist ein glücklicher Mensch.»
«... ist ein zufriedener Käufer.»
«... ist jemand, dem es gelungen ist, mit dem Kauf dieses Produktes zu diesem Preis das zu erreichen, was er wollte.»
«... freut sich über das, was er gekauft hat.»

Was versucht dieser Test zu erfassen, und welche Art von Verkäufer schwebte seinen Erfindern damals vor? Ursprünglich wurde er für Versicherungsangestellte entworfen; folgende Anforderungen, die sich bei der Punktewertung wiederfinden, sollten an sie gestellt werden:

- relativ intelligent (was das genau sein soll, wird nicht erwähnt),

- ein gutes Erinnerungsvermögen für Physiognomien und ein gutes Namen- und Zahlengedächtnis,

- gute Beherrschung der Sprache,

- Kreativität und Ideenreichtum.

Zu Punkt 1 c): Aufgaben/Fallbeschreibungen

Für diesen Test, zu dessen Aufgaben Sie meistens nur wenig Information erhalten, gibt es kaum objektive Normen. Dies gedeutet, daß keine vergleichbaren Resultate vorliegen, so daß die Auslegung des Psychologen hier eine sehr große Rolle spielt.

Nachstehend zeigen wir Ihnen solche Aufgaben, die von verschiedenen Unternehmensberatern selbst entworfen wurden.

Im Gegensatz zu Intelligenz- und Persönlichkeitstests ist die Chance gering, daß Sie nun gerade mit diesen Aufgaben konfrontiert werden. Sie beziehen sich entweder auf den Eigenverkauf oder auf Verkaufsmanagement, und Sie können daraus ersehen, was bei einem solchen Test an Schreibarbeit auf Sie zukommt.

> **TIP**
>
> Üben Sie diese Aufgaben zu Hause, und achten Sie dabei auf die Zeit, auch wenn dafür kein Limit vorgegeben ist.

Aufgabe: Blechschaden

Herr Müller hatte Geschäftsbesuch. Nachdem der Besuch gegangen war, wurde Herr Müller von seinen Nachbarn darüber informiert, daß ein blauer Peugot sein Auto angefahren hatte. Es mußte der Geschäftsfreund gewesen sein, denn das Auto von Herrn Müller zeigte Spuren von blauem Lack. Der Schaden beläuft sich auf DM 1 200,– für Ausbeulen und Lackieren.

Schreiben Sie an Stelle von Herrn Müller Ihrem Geschäftsfreund mit der Bitte, die Versicherung zu informieren. Für diese Aufgabe gibt es kein Zeitlimit.

Aufgabe: Lohnkürzung

Es geht um einen Betrieb, der aus einem Chef und fünf Arbeitnehmern besteht. Die Geschäfte gehen nicht gut; es wurde bereits eine Lohnkürzung vorgenommen, so daß die Arbeitnehmer derzeit ein Mindestgehalt beziehen. Wegen Problemen mit der Gewerkschaft und der Innung kann niemand entlassen werden. Sollte man eine nochmalige Lohnkürzung vornehmen? Wie gehen Sie vor? Das Zeitlimit beträgt 15 Minuten.

Aufgabe: Wettbewerb

Sie sind Eigentümer einer Bäckerei und benutzen folgenden Slogan: Firma Brandt – der beste Bäcker im ganzen Land. In Ihrer Nachbarschaft wird eine neue Bäckerei aufgemacht, die zufällig auch Brandt heißt und zudem ein Schild mit dem gleichen Werbespruch aufhängt. Was machen Sie? Das Zeitlimit beträgt 15 Minuten.

Aufgabe: Fehler bei der Erledigung von Aufträgen eliminieren

Eine Firma hat 50 Ordner bestellt; Sie sind für diese Art von Aufträgen verantwortlich. Aus Versehen wurden 75 Ordner verschickt. Wie bringen Sie die Angelegenheit in Ordnung? Das Zeitlimit beträgt 15 Minuten.

Aufgabe: Verspäteter Versand

Ihre Firma hat eine Sendung von 500 Paketen Formularpapier zu spät verschickt. Deshalb hat der Auftraggeber das Papier sofort bei einem Ihrer Konkurrenten bestellt. Wie gehen Sie vor? Das Zeitlimit beträgt 15 Minuten.

Aufgabe: Falsche Lieferung

Sie haben ein Gemüsegeschäft und bestellen eine bestimmte Menge eines bestimmten Produktes. Bei der Anlieferung stellt sich heraus, daß man Ihnen die Menge in Pfund statt in Kilogramm geliefert hat. Sie setzen sich mit Ihrem Lieferanten in Verbindung. Wie verhalten Sie sich?

Aufgabe: Gestohlenes Tafelsilber

Sie sind Zimmermann und führen einen Auftrag in einem Privathaushalt durch. Am dritten Tag sagt Ihnen die Hausangestellte, daß Sie nicht wiederzukommen brauchten. Ihre Arbeit ist noch nicht beendet, aber man vermutet, daß Sie das Tafelsilber gestohlen haben. Wie gehen Sie in diesem Fall vor? Für diese Aufgabe gibt es kein Zeitlimit.

Aufgabe: Kündigung

Als Mitglied eines Vereins sind Sie zuständig für alle Kündigungsfragen. Hierbei spielen Termine und Empfangsdaten der Kündigungsschreiben eine Rolle. Wie geht man vor, wenn Mitglieder zu spät kündigen, aber nicht mehr bezahlen wollen? Was würden Sie tun? Für diese Aufgabe gibt es kein Zeitlimit.

Aufgabe: Getreidehandel

Eine Fabrik hat seit kurzem die Möglichkeit, auf chemischem Wege billig Getreide zu produzieren. Dabei ergeben sich große Probleme mit den Bauern und Getreidehändlern. Wie würden Sie sich als Direktor dieses chemischen Getreidehandels diesen Einwänden stellen, damit Sie Ihr Produkt dennoch so schnell wie möglich auf den Markt bringen können? Kein Zeitlimit.

Hinweise zu den Aufgaben

1. Lesen Sie die Anmerkungen und Hinweise sehr gründlich und genau durch. Nehmen Sie sich dafür Zeit, und wenn Ihnen alles klar ist, lesen Sie das Ganze zur Sicherheit noch einmal durch.
2. Die vorgegebene Zeit wird meistens ausreichen. Denken Sie an erster Stelle an die Qualität Ihrer Arbeit – das Zeitlimit spielt die geringere Rolle.
3. Machen Sie ein Konzept für Ihre Ideen und Berechnungen.
4. Sorgen Sie dafür, daß Ihr Ergebnis ordentlich aussieht und systematisch aufgebaut ist: Auch das zählt bei der Bewertung.
5. Setzen Sie sich bitte mit dem Problem auseinander, bevor Sie anfangen zu schreiben. Um was handelt es sich genau? Wo liegt das Problem? Welche versteckte Zielsetzung gibt es möglicherweise bei dieser Aufgabe?
6. Überlegen Sie sich, was der Grund für diese Aufgabe ist. Was möchte man von Ihnen wissen? Geht es darum, einen Brief ordentlich abzufassen, oder geht es um selbstsicheres Auftreten? Vielleicht möchte man in Erfahrung bringen, ob Sie auf kreative Art und Weise Probleme lösen können? Oder ist man daran interessiert, ob Sie einen richtigen Kostenvoranschlag machen können?

   Man darf dabei nicht vergessen, daß die Aufgaben auf die zukünftige Arbeit abgestimmt wurden. Wenn Ihr zukünftiger Arbeitgeber auf der Suche ist nach einem harten «Turn-around-sales-manager», dann sollte Ihre Antwort beim Test selbstverständlich lauten, daß zum Beispiel eine Lohnkürzung absolut notwendig ist.
7. Denken Sie daran, daß der Prüfer nicht nur am Endergebnis Ihrer Bemühungen interessiert ist, sondern möglicherweise auch wissen möchte, wie Sie dazu gekommen sind (durch systematisches Vorgehen oder durch Zufallstreffer?). Es ist auch nicht ausgeschlossen, daß

man Sie beobachtet. Machen Sie einen ruhigen und entspannten Eindruck, oder bekommen Sie einen roten Kopf und stöhnen und ächzen die ganze Zeit?
8. Im Prinzip haben Sie keine Möglichkeit, sich über den Prüfer zusätzliche Informationen zu beschaffen. Man wird Ihnen immer sagen, daß alles Wissenswertes in den «Hinweisen» vermerkt ist.
9. Es bestehen natürlich viele Möglichkeiten, um zu einem Resultat zu gelangen. Es ist wichtig, so schnell und wirksam wie möglich zu einer logischen Lösung zu kommen, die gut aufgebaut ist und Ihre Aussage klar darstellt.

Noch eine kleine Hilfestellung zur Aufgabe «Getreidehandel»

Zur Lösung dieses Problems könnte man damit beginnen, die Unsicherheit und die Bedenken, die diesem neuen Produkt gegenüber bestehen, zu zerstreuen durch

- objektive Aufklärung,

- Diskussionsmöglichkeiten, ohne andere zu beschuldigen,

- Alternativen,

- ein Angebot finanzieller Hilfe,

- Versuche, zu einer Einigung zu gelangen.

Praktisch gesehen könnte das folgendermaßen aussehen:

- Einladung zu einem Tag der offenen Tür an Getreidehandel und Landwirtschaft

- Reklame machen und Informationsmaterial verteilen mit Schwerpunkt auf dem Allgemeinwohl

- Kommissionen gründen, um zu einem gemeinsamen Ziel zu gelangen

- Unterstützung beantragen zur Umschulung für Seminare

- Prämien ausschreiben, um damit der Landwirtschaft den Anbau neuer Gewächse schmackhaft zu machen.

Zu Punkt 1 d): Behauptungen ergänzen

Hierbei wird verlangt, daß

- Behauptungen mit «ich» oder «mein(e)» ergänzt werden.

- Es stehen meistens drei oder vier Ergänzungen zur Auswahl.

- Dazu gibt es verschiedene Punktsysteme, die manchmal auf dem Prüfungsformular stehen. Der Bewerber kann dann wohl seine Punkte zusammenzählen, die Bewertung kann aber nur der Prüfer vornehmen. Auch bei diesen Ergänzungstests ist die Qualität wieder umstritten; Zuverlässigkeit und Wert sind kaum bekannt oder sehr gering. Trotzdem werden sie in der Praxis verwendet.

Zum nachstehenden Test gibt es 0 bis 4 Punkte: 4 ist hervorragend, 0 ist schlecht; er nennt sich «salesmen's self-rater of professional selling skills»:

1. Ich teile meine Zeit gut ein und stelle für meine Besuche einen Plan auf.
a) Ich habe einen Arbeitsplan, um Marktanteile in meinem Revier zu bekommen.
b) Ich plane meine Besuche, um gewinnbringende Aufträge zu erhalten.
c) Ich bitte zufriedene Kunden, mir dabei zu helfen, neue Kontakte anzubahnen.

2. Ich gehe völlig in meiner Arbeit auf.
a) Ich arbeite sehr bewußt, um mein Einkommen zu erhöhen.
b) Ich zwinge mich dazu, meine Verkaufsziele zu übertreffen.
c) Ich hole verlorene Zeit immer auf.

3. Ich versuche mein Bestes, um mich weiterzubilden und zu entwickeln.
a) Ich nehme jeden Ratschlag ernst.
b) Ich lese und analysiere jeden Firmenbericht.
c) Ich lese Fachbücher, um weitere Kenntnisse zu erwerben.

4. Ich bin sehr ehrgeizig. Ich habe klare Vorstellungen, wie ich mein Ziel erreichen kann.
a) Wenn die Konkurrenz groß ist, macht mir meine Arbeit Freude.
b) Wenn meine Einkäufertätigkeit zu einfach ist, suche ich mir schwierigere Aufgaben.
c) Ich tue mein Möglichstes, um Freunde zu gewinnen durch Anerkennung und kleine Aufmerksamkeiten.

Diese Ergänzungsaufgaben liegen meistens auf dem Niveau der allgemein bekannten Illustriertentests. Sie können aber manchmal eine Rolle spielen als Einstieg in das Gespräch mit dem Psychologen.

TIP

Sollte Ihnen ein solcher Fragebogen vorgelegt werden, dann vergessen Sie bitte nicht, daß der Psychologe mit weiteren Fragen nachhaken kann. («Sie behaupten, Sie wären ehrgeizig. Worin zeigt sich das?») Stellen Sie sich darauf ein, denn Ihre Antworten müssen fundiert sein.

Zu Punkt 2 a): Arbeitsproben

Das Assessment-Center, das wir bereits im letzten Kapitel erwähnten und das anschließend noch kurz zur Sprache kommt, ist eigentlich nichts anderes als eine standardisierte, wohl ausgeklügelte Arbeitsprobe. Man erwartet von Ihnen, daß Sie in der Lage sind, Ihre Fähigkeiten in der Praxis unter Beweis zu stellen. Die Fahrprüfung ist hierfür ein gutes Beispiel, denn dabei müssen Sie zeigen, daß Sie sämtliche Aspekte des Autofahrens beherrschen. Sie werden also integral beurteilt und nicht nur nach einzelnen Punkten.

Es gibt dabei aber auch einige Schwierigkeiten. Es ist nicht einfach, jemand in einem Betrieb einige Wochen lang die Rolle eines Sales-Managers spielen zu lassen. Wer kann sich so lange frei nehmen? Außerdem braucht man meistens einige Monate, bis man eingearbeitet ist. Die Probezeit von drei Monaten könnte im Prinzip als Arbeitsprobe verwendet werden, aber wir können uns nicht vorstellen, daß viele Arbeitgeber über diese Idee sehr glücklich wären. Die Vorstellung, daß nach einem solchen dreimonatigen Aufwand alles umsonst gewesen sein könnte, ist unerfreulich.

Bei niedrigeren Positionen, deren Einarbeitungszeiten kürzer sind, kommen derartige Arbeitsproben schon eher vor. Der angehende Verkäufer wird im Geschäft beim Umgang mit den Kunden beobachtet. Entspricht er nicht den Anforderungen, dann ist seine Arbeitsprobe während oder nach der Probezeit beendet.

Zu Punkt 2 b): Assessment-Center

Wir sagten bereits, daß diese ACs immer öfter verwendet werden. Hin und wieder läßt man Starverkäufer und Sales-Manager daran teilnehmen. Dabei können folgende drei Verkaufssituationen zur Sprache kommen:

Situation 1

Auftritt: Ein erboster Kunde. Er erscheint, um seinen Zorn loszuwerden, und ist schlecht zu sprechen auf die Qualität der gelieferten Ware; außerdem ist der wütend über den unterbliebenen Kundendienst und die immer wieder verspäteten Lieferungen und falschen Preisauszeichnungen. Die Rolle des erbosten Kunden wird von einem Mitarbeiter der Firma gespielt.

Selbstverständlich bekommt der Bewerber vorher Gelegenheit, sich über den Kunden und die damit verbundenen Vorgänge zu informieren. Er erhält alle notwendigen Details und kann sich auf die Vorhaltungen des Kunden einstellen.

Bei einem solchen AC kann es vorkommen, daß Sie, nachdem Ihnen alles Notwendige über die Hintergründe bekannt ist, einen Anruf des Kunden erhalten. Wie reagieren Sie auf dieses unerwartete Gespräch? Geraten Sie in Panik? Lassen Sie den Kunden sich austoben, oder beruhigen Sie ihn?

TIP

Hier geht es darum, zuerst die Fakten klarzustellen und erst danach das Problem des Kunden zu einer Lösung zu bringen.

Man prüft hier:

- Ihre analytischen Fähigkeiten (welche Fakten haben Sie feststellen können?).

- Interpretation: was bedeuten diese Fakten? In welchem Zusammenhang stehen sie zueinander? In welcher Relation steht das heutige Problem zu früheren Kontakten mit diesem Kunden?

- Lösung des Problems: Wie haben Sie den Kunden zufriedenstellen können? Was haben Sie ihm versprochen?
  In wieweit sind Ihre Zusagen sowohl für den Kunden als auch für Ihren Arbeitgeber günstig? Es geht hier nicht darum, den einfachsten Weg zu wählen!

- Fazit: Wie sehen Sie die Zukunft nach Ihren Verhandlungen mit den Kunden? Wie sieht Ihr schriftlicher Bericht darüber aus? Was berichten Sie?

Situation 2

Sie sollen mit einem Ihrer Mitarbeiter sprechen, der Ihnen seinen Bericht hat zugehen lassen. Nach reiflicher Überlegung sollen Sie nun die richtigen Schritte unternehmen, es sei denn, Sie ziehen es vor, untätig zu bleiben. Hierbei wird man prüfen, wie Sie mit Ihren Mitarbeitern umgehen und beobachtet Ihr soziales Verhalten.

Situation 3

Bei dieser Variante handelt es sich um eine Verkaufspräsentation bei einem Einzelkunden oder vor einer Gruppe. Hier spricht man manchmal über «DMU» oder «decision making unit» was bedeutet, daß die Gruppe gemeinsam über einen wichtigen Ankauf entscheidet. Sie werden vorher über das Produkt informiert und bekommen genügend Zeit, um sich vorzubereiten.

Bei der Gruppe, der Sie Ihr Produkt verkaufen sollen, werden Sie sowohl auf negativ als auch freundlich eingestellte «Einkäufer» stoßen, und Sie werden sich eventuell auch einige kritische Bemerkungen anhören müssen. Wie werden Sie damit fertig? Ignorieren Sie diese, gehen Sie in die Verteidigung, oder werden Sie gar aggressiv?

Sie werden, neben anderen, nach folgenden Kriterien beurteilt:

- Sachkenntnis, Produktkenntnis (wie intensiv haben Sie sich mit der Materie befaßt?),

- der Art der Präsentation (systematischer und logischer Aufbau? Welche Hilfsmittel haben Sie angewandt?),

- Überzeugungskraft,

- Flexibilität,

- Beantwortung konstruktiver wie auch kritischer Fragen.

Zu Punkt 2 c): Rollenspiele

Der Unternehmensberater kann Sie auffordern, an einem Rollenspiel teilzunehmen. Wir geben hier die Anweisung zu einem Rollenspiel wieder, das von einem Unternehmensberater stammt, der hauptsächlich Finanzmanager testet:

«Sie sind Akquisiteur bei der Firma ‹Hannover Factoring›. Sie besuchen Firmen, die auf Ihre Anzeigen reagiert haben, die regelmäßig im ‹Manager Team› erscheinen.

Die Dienstleistung der ‹Hannover Factoring› besteht aus Untersuchungen über die Kreativität der Abnehmer, die Verwaltung des Geschäftsbereiches Debitoren und die Übernahme der Risiken bei Nichtzahlung. Die Provision, die Sie dafür berechnen, beträgt 2 bis 3 Prozent der Gesamtsumme der vorgelegten Rechnungen.

Heute steht ein Besuch bei Frau Helen Marchant, Eigentümerin der Firma Firenze auf dem Programm. Sie hat auf eine Ihrer Anzeigen mit der Bitte um Information reagiert.

Von Ihrer Einkaufsabteilung wissen Sie, daß die Firma Firenze ein kleines Handelsunternehmen ist, das vor zwei Jahren gegründet wurde und sich mit dem An- und Verkauf von Modeaccessoires befaßt. Der Jahresumsatz beträgt etwa 1,2 Millionen DM. Außer Frau Marchant arbeiten bei der Firma Firenze noch vier Mitarbeiter voll und drei Vertreter als Teilzeitangestellte auf Provisionsbasis. Der Kundenstamm besteht hauptsächlich aus angesehenen Modefirmen im ganzen Land. Während der letzten Monate gab es einige Probleme wegen nichtbezahlter Forderungen.»

Ihr Gespräch mit Frau Marchant beginnt in 15 Minuten.

Außer dieser Instruktion bekommen Sie schriftliche Informationen über notwendige Details und Hintergründe. Es geht jetzt darum, daß Sie in angemessener Art und Weise ein Gespräch mit Frau Marchant führen, um ihr Ihre Dienstleistung zu verkaufen.

Wie werden Sie vorgehen? Welche Argumente werden Sie anführen? Und weshalb gerade diese? Die Bewertung findet nach Abschluß des Verkaufsgespräches statt. Möglicherweise wird man auf Ihre starken und schwachen Argumente eingehen. Es kann aber auch vorkommen, daß der Prüfer Ihnen kaum Auskunft gibt.

Bei diesen simulierten Gesprächen wird nicht nur Ihre Verkaufstechnik beobachtet. Es spielen auch andere Dinge eine Rolle, zum Beispiel:

- Wie wirken Sie? Freundlich, verlegen, arrogant, selbstbewußt?

- Wie ist Ihr allgemeines Verhalten? (Siehe Kapitel 10.)

- Hören Sie dem Kunden zu?

- Hören Sie wirklich zu, oder machen Sie nur diesen Eindruck? (Mit dem Kopf nicken, aber auf die Fragen des Kunden nicht eingehen.)

- Wie reagieren Sie, wenn der Kunde sich aggressiv oder provokativ verhält?

- Strahlen Sie Wärme oder Sachlichkeit aus oder eine Mischung von beidem?

Wie soll Ihre Verkaufstechnik aufgebaut sein? Eine Abhandlung darüber ist nicht das Thema dieses Buches; wir nehmen jedoch an, daß der Personalberater vermutlich von folgendem Modell ausgeht, das eigentlich jedem Verkaufsgespräch zugrunde liegt:

1. Anfang des Gespräches (Grund des Gespräches).
2. Versuch, die Wünsche des Kunden in Erfahrung zu bringen.
3. Leistungsangebot, abgestimmt auf den Bedarf des Kunden.
4. Eventuelle Vorführung/Demonstration Ihres Angebotes («Beweismaterial»).
5. Eventuelle Einwände und Beschwerden aus dem Weg räumen.
6. Gesprächsabschluß, wenn möglich mit Vertragsabschluß.

TIP:

Sollten Sie am Prüfungstag an einem Rollenspiel teilnehmen müssen, dann denken Sie an die eben aufgezählte logische Reihenfolge. Sie haben damit die Gewißheit, daß Sie systematisch vorgehen.

Zu Punkt 3: Das Interview

Dieses Interview führt der Psychologe durch. Es besteht aus einer Anzahl von Richtlinien, die Sie in Kapitel 9 noch genauer kennen lernen.

Rechentests

Eigentlich sollte man davon ausgehen, daß ein Verkäufer gut rechnen kann. Falls nicht, kann er sich meist mit den modernen Hilfsmitteln wie Taschenrechnern und Computern behelfen. Es kann jedoch vorkommen, daß man Ihnen einen Rechentest vorlegt, der verlangt, daß Sie binnen kürzester Zeit Rechenaufgaben schriftlich oder im Kopf lösen sollen. Folgende Rechenarten können verlangt werden: Addition, Division, Bruchrechnen, Multiplikation, um nur einige zu nennen. Im Prinzip können Sie diese Aufgaben mit Hilfe eines Rechenbuches leicht zu Hause üben. Wichtig ist, daß Sie die Aufgaben schnell lösen. Menschen, die schnell und präzise arbeiten, sind gerne gesehen.

Hier zeigen wir Ihnen zehn Aufgaben aus einem allgemein gehaltenen Rechentest. Versuchen Sie, diese zu lösen. Die Antworten stehen am Ende dieses Kapitels.

1. $0{,}667 - 0{,}019 =$
2. $0{,}16 \times 0{,}75 =$
3. $3/4 \times 8/9 =$
4. $3/4 : 4/5 =$
5. $8/9 : \ldots = 10/9$
6. $27 : 3/8 =$
7. Finden Sie x: $3x + 5x = 12$
8. Finden Sie x: $14x + 4 = 60$
9. $0{,}07 - \ldots = 0{,}057$
10. $\ldots - 0{,}02 = 0{,}28$

Zusammenfassung

Falls Sie für eine Managerposition getestet werden sollten oder auch für eine Stellung als Verkäufer, dann sollten Sie sich folgendes vor Augen halten:

1. Versuchen Sie, sich soweit wie möglich in die Lage eines Mitarbeiters des Unternehmens hineinzuversetzen. Denken Sie dabei an die Funktion als solche (was wird verlangt, welche Kenntnisse und

Fähigkeiten sind gefragt) und an das Betriebsklima (handelt es sich um eine konservative, eher bürokratische Organisation oder um einen Betrieb, in dem größere Freiheit herrscht und wo Initiativen und konstruktive Kritik gefragt sind?).
2. Man wird Ihnen, je nach Funktion, Management- oder Verkaufstests vorlegen. Lesen Sie die Teile dieses Buches, die sich darauf beziehen, und konzentrieren Sie sich auf die verschiedenen Möglichkeiten.
3. Vielleicht wird man Sie auch andere Tests machen lassen, wie Persönlichkeits- oder Intelligenztests,
4. oder Ihnen – unabhängig von der Position, für die Sie getestet werden – einen Rechentest vorlegen.
5. Der Personalverantwortliche wird aus dem persönlichen Gespräch viele Informationen erhalten. Deshalb ist es wichtig, an folgendes zu denken:

- Wie drücken Sie sich aus? Wie gut können Sie formulieren und Dinge erklären? Wie groß ist Ihr Wortschatz? Sprechen Sie Dialekt, oder nuscheln Sie?

- Wie groß ist Ihre Überzeugungskraft?

- Wie wirkungsvoll ist Ihr Auftritt (Äußeres, Ausstrahlung, Kleidung, Stil)?

Wie testet man zukünftige Unternehmer?

Tests für Menschen, die selbständig arbeiten und nicht in einem Angestelltenverhältnis stehen, gibt es kaum. Allerdings versuchen vor allem Banken und andere Geldinstitute, sogenannte Anfänger auf ihre unternehmerischen Fähigkeiten hin zu testen. Unternehmerische Konzepte genügen heutzutage nicht mehr, und Banken sind daran interessiert, den Menschen hinter dem Unternehmer kennenzulernen. Ein gut vorgetragenes Konzept ist noch lange keine Garantie für den Unternehmenserfolg. Der Unternehmer muß es ja nicht einmal selber geschrieben haben. Der mündliche Vortrag an sich sagt auch nicht viel aus. Das Ganze kann eine hervorragende, sehr professionell aufgezogene Show sein ohne jeglichen

Inhalt. Andererseits muß eine nicht so gute Präsentation nicht der Beweis für zukünftiges Versagen sein.

Es geht hier um folgendes: Kann man durch einen schriftlichen Test einen guten von einem schlechten Unternehmer unterscheiden? Gewinnt man so einen objektiveren Eindruck als bei einem mündlichen Gespräch zwischen Banker und Unternehmer? Dabei stellt sich die Frage: Was ist ein Unternehmer, und über welche persönlichen Eigenschaften sollte er verfügen? Wir werden gleich darauf eingehen, möchten aber erst noch etwas anderes erwähnen:

Im Verlauf der letzten Jahre sind große Handelsunternehmen immer mehr dazu übergegangen, sich in kleinere Arbeitseinheiten zu gliedern, deren Leitung nicht mehr einem Manager, sondern einem Direktor untersteht; dieser steht zwar auf der Gehaltsliste, tritt aber als Unternehmer mit sämtlichen Befugnissen auf, und solange die gesteckten Ziele erreicht werden, untersteht er kaum einer Kontrolle. Er ist kein Unternehmer im wahren Sinne des Wortes, handelt aber als solcher. Für den Betrieb besteht dabei folgendes Risiko: Sollten seine unternehmerischen Fähigkeiten überhand nehmen, so könnte der Direktor tatsächlich selbständig werden wollen.

Es gibt Studien über das Profil eines erfolgreichen Unternehmers. Zusammenfassend kann man aber sagen, daß die Psychologen zu keinem aussagekräftigen Ergebnis gekommen sind.

Als kleinen Leitfaden möchten wir Ihnen aber ein paar persönliche Eigenschaften nennen, die beim Test oft zur Sprache kommen:

1. Durchhaltevermögen:

Was veranlaßt einen Menschen, seine sichere, ruhige und gut bezahlte Stelle aufzugeben, um dafür Unsicherheit, Rückschläge und lange Arbeitszeiten einzutauschen? Die Wege des Unternehmertums bestehen aus Standhaftigkeit und Beharrlichkeit. Das Durchhaltevermögen wird mit verschiedenen Persönlichkeitstests gemessen.

2. Kreativität:

Ein neuer Unternehmer soll kreativ sein. Er muß eine Vision oder einen Plan haben, um festgefahrene Ordnungen umzustoßen. Ohne neue Ideen werden seine Aktivitäten wenig Interesse finden, weil er keine Alternativen bietet und seinen potentiellen Kunden somit nichts Neues bieten kann.

Man verlangt nicht unbedingt von ihm, daß er eine neue Marktlücke entdeckt oder auf eine einmalige Idee kommt. Er soll jedoch in der Lage sein, sich die Probleme des Kunden zu eigen zu machen.

3. Pioniermentalität:

Ein Unternehmer muß oft neue Wege gehen. Das kann mit Schwierigkeiten verbunden sein, weil ihn niemand beraten kann. Es kann auch, vor allem bei Anfängern, vorkommen, daß man seine Fähigkeiten anzweifelt. Dieser Beruf verlangt also auch Standvermögen.

4. Selbstvertrauen:

Diese Eigenschaft ist sehr wichtig für einen Unternehmer. Natürlich bedeutet das nicht, daß er nie Zweifel haben darf, aber er soll sowohl im Gespräch als auch bei finanziellen Transaktionen Selbstvertrauen ausstrahlen. Das persönliche Gespräch mit dem Psychologen wird einiges darüber aussagen.

5. Optimistische Haltung:

Unternehmer sollten geborene Optimisten sein und an die Zukunft glauben. Selbst wenn die Konjunktur schlecht ist, muß ein Unternehmer positiv denken oder aber sein Geschäft aufgeben. Optimismus wird durch verschiedene Persönlichkeitstests und durch das Gespräch mit dem Personalverantwortlichen gemessen.

6. Führungsstil und Management:

Unternehmer, die nicht als Einmannbetrieb arbeiten möchten, sind gezwungen, sich einen Mitarbeiterstab auszusuchen. Sie sollten dann natürlich über Managerqualitäten verfügen, um die Angestellten führen, inspirieren und motivieren zu können. Manchen Unternehmern wird vorgeworfen, sie wären eigensinnig. Ein Körnchen Wahrheit wird wohl darin stecken, denn ein Jasager, der immer auf die andern hört, ist ein Mitläufer und verfügt nicht über Führungsqualitäten.

7. Akquisition:

Ein Unternehmer muß ein guter Verkäufer sein. Gute Ideen, Pläne und Produkte genügen nicht. Sie müssen an den Mann gebracht werden, und der Unternehmer, der nicht verkaufen kann, wird bald vor dem Nichts stehen.

Zusammenfassend möchten wir sagen: Zum Unternehmer gehört verhandeln können, Institution besitzen, Risiken einkalkulieren, selbstsicher und selbständig sein, Unabhängigkeit und Autorität zu zeigen und, was ganz wichtig ist, es gehört Fortune dazu!

Unternehmertests

Sie werden sich vielleicht fragen, ob es spezifische Unternehmertests gibt. Zumindest gibt es keine, die wissenschaftlich belegt sind und von Personalverantwortlichen verwendet werden können. Hin und wieder findet man Tests in Zeitschriften, die jedoch im Grunde genommen Spiele sind und die man daher nicht ernst nehmen soll.

Sollte man von Ihnen unternehmerische Fähigkeiten verlangen, so können Sie sich mit Hilfe einiger amerikanischer Bücher selbst testen, zum Beispiel «Test your entrepreneurial I. Q.» (Hawkins & Turia, 1986). Dieses Buch versucht, ein paar Einsichten in die Persönlichkeit eines Unternehmers zu vermitteln, wie es um sein gesellschaftliches Verhalten, sein Organisationstalent und sein Marketingverständnis steht und nicht zuletzt, wie er mit Geld umgeht. Sie beantworten die Fragen, zählen die Punkte zusammen und errechnen die Chancen für Ihre zukünftige Laufbahn aus der beiliegenden Tabelle.

«The entrepreneur's complete self-assessment guide» (Gray, 1986) geht noch einen Schritt weiter. Sie füllen nicht nur die Tests aus, sondern erfahren auch Wissenswertes über die Gründung einer eigenen Firma. Juristische und finanzielle Probleme werden angesprochen, Versicherungstechniken, Marketing und das Aufstellen eines Geschäftskonzepts erklärt.

Beide Bücher vermitteln Ihnen eine bessere Vorstellung von allem, was mit der Unternehmertätigkeit zu tun hat.

Lösungen der Aufgaben in diesem Kapitel

VCI-Aufgaben: Beurteilung, Antworten und Lösungen (Seiten 132 ff.).

	1. Frage	2. Frage	3. Frage	4. Frage
A.	−1	0	−8	−5
B.	+4	−8	+3	+5
C.	−1	−11	0	+2
D.	−4	−9	−2	−2

Verkaufskentnisse-Test (Seiten 135 ff.)
1. C ist richtig, alles andere nicht.
2. B ist richtig, alles andere nicht.

Test über Erkenntnisse im Einzelhandelsverkauf (Seiten 137 ff.)
Die richtigen Antworten lauten 1-E, 2-C, 3-B. Verstehen Sie, weshalb?

Rechentests (Seite 154)
Lösungen:
1) 0,648,
2) 0,12,
3) $4/6$,
4) 2,5,
5) $4/5$
6) 72,
7) $3/2$
8) 4,
9) 0,013,
10) 0,30

Kapitel 7:
Analogien und Syllogismen

Einleitung

Wir möchten vorwegnehmen, daß weder Fragen noch Analogien noch Syllogismen typische Managertests sind. Diese beiden schwierigen Tests sind aber oft Teil des psychologischen Auswahlverfahrens, dem sich zukünftige Manager unterziehen müssen.

Manager, die schon lange im Beruf sind, haben Probleme mit diesen Tests, denn hierbei wird ihr abstraktes Denken geprüft, das sie natürlich besitzen, aber schon lange nicht mehr trainiert haben, weil sie sich hauptsächlich um praktische Dinge kümmern müssen.

Der Analogientest wird auch öfters bei der Auswahl von unteren Positionen eingesetzt. Er mißt die intellektuellen Fähigkeiten und ist vergleichbar mit den traditionellen Intelligenztests. Seine Vorteile bestehen darin, daß man ihn relativ schnell durchführen kann und die Unternehmensberater der Meinung sind, daß man sich auf diese Art von Test nicht vorbereiten kann.

Dieses Kapitel besteht aus zwei Teilen. Zuerst werden wir ausführlich über Analogientests sprechen. Anschließend werden wir uns mit den weniger gebräuchlichen Syllogismentests befassen. Wir nennen Ihnen die bekanntesten Tests, bevor wir sie erläutern. Wenn Sie verstanden haben, um welches Prinzip es dabei geht, werden Sie keine Probleme damit haben und sehr wahrscheinlich gute Resultate erzielen. Zum Schluß haben wir noch eine kleine Zugabe für Sie: einen Test, bei denen Sie Übereinstimmungen zwischen zwei Begriffen feststellen sollen.

Was ist eine Analogie?

Im weitesten Sinne des Wortes kann eine Analogie als eine Übereinstimmung zwischen zwei Objekten oder Begriffen umschrieben werden. Wir unterscheiden zwischen folgenden Begriffen:

A. Verbale
B. Nichtverbale
B. 1) Numerische
B. 2) Geometrische
C. Doppelte

Einige dieser Kategorien werden wir (mit Schwerpunkt auf den verbalen Analogien) behandeln; das ist eine Auswahl, da es allein 17 Arten verbaler Analogien gibt.

Eine Standardanalogie hat folgende Form:

A : B = C : D

oder in Worten ausgedrückt:

A verhält sich zu B wie C zu D.

Bei einer Standardanalogie fehlt einer dieser vier Begriffe: Jeder Analogientest ist ein Multiple-choice-Test, was bedeutet, daß Sie aus verschiedenen Antworten die eine richtige wählen und ankreuzen sollen.

Außerdem gibt es noch die sogenannten doppelten Analogien. Hierbei wurden zwei der vier Begriffe weggelassen, zum Beispiel A und D.

Der VAT-Test, den wir anschließend besprechen werden, beinhaltet diese Aufgaben; Sie werden sehen, wie schwierig sie sind.

A. Verbale Analogien

Hierbei soll die Übereinstimmung zwischen der Bedeutung von Wörtern festgestellt werden. Als Beispiel: Was haben ein Apfel und eine Apfelsine gemeinsam? Beide können zusammengefaßt werden unter dem Sammelbegriff Früchte oder Obst.

Dieses Beispiel ist leicht; Analogien können aber in verschiedenster Form vorkommen.

Wir zeigen Ihnen jetzt ein paar verbale Kategorien. Eine gute Vorbereitung für den Test ist, erst die richtige Antwort zu finden und dann den Hinweis zu lesen!

TIP

Denken Sie beim Beantworten dieses Tests erst über die Kategorien nach und wohin dieses Problem gehört. Eine Analogie kann mitunter zwei oder drei Kategorien angehören.

1. Synonyme oder Begriffe mit gleicher Bedeutung

Befreiung : ... = ausüben : praktizieren
A. Rettung B. Argumentation C. Freiheit D. Übergabe
Hinweis: die in dieser Analogie erwähnten Begriffe bestehen aus einem Substantiv und zwei Verben.
Die Verben ausüben und praktizieren sind Synonyme. Deshalb muß das fehlende Wort ein Substantiv sein mit der gleichen Bedeutung wie Befreiung, also Rettung.

2. Antonyme oder Begriffe mit gegensätzlicher Bedeutung

... : freundschaftlich = bescheiden : genußsüchtig
A. gehässig B. feindlich C. Freunde D. die Moral
Hinweis: Die Verbindung zwischen bescheiden und genußsüchtig zeigt sich im Gegensatz. Das Gegenteil von freundschaftlich ist feindlich.

3. Ursache und Folgen

Vererbung : Umgebung = ... : Röteln
A. ansteckend B. Lungenentzündung C. Bluterkrankheit D. übertragbar
Hinweis: Bei dieser Angelegenheit ist die Verbindung zwischen Ursache und Folge leichter zu erkennen, wenn Sie das zweite und das vierte Wort als Ausgangspunkt nehmen. Ein Virus, das in einer bestimmten Umgebung zum Ausbruch kommt, ist die Ursache für Röteln. Das gleiche gilt für das geschlechtsgebundene Gen, das ein Bestandteil der Vererbung und die Ursache der Bluterkrankheit ist.

4. Teil eines Ganzen

Blatt : Baum = Schlüssel : ...
A. Schloß B. Tür C. Tonleiter D. Auto
Hinweis: die ersten beiden Wörter deuten an, daß das Blatt ein Teil des Baumes ist. Ein Schlüssel wird gebraucht, um das Schloß einer Tür oder eines Autos zu öffnen, während das einzige Wort, das wirklich den Begriff «Teil eines Ganzen» trifft, die Tonleiter ist, deren Schlüssel ein wichtiger Bestandteil ist.

4. Teil im Verhältnis zu einem Teil

Vater : Tochter = Kieme : ...
A. Fisch B. Flosse C. Lunge D. Zweig
Hinweis: Vater und Tochter sind auf jeden Fall Teil einer Familie. Kieme und Flosse sind Teile eines Fisches.

6. Zweckmäßigkeit oder Anwendung

Feder : schreiben = Pinsel : ...
Hinweis: bei dieser Aufgabe ist die Übereinstimmung in punkto Zweckmäßigkeit und Anwendung klar. Worauf Sie achten sollten, ist die Wahl der richtigen Antwort. Alle Antworten kommen in Frage, aber die richtige lautet «Maler».

7. Handlung mit Bezug zum Gegenstand

Werfen : feuern = ... : Gewehr
A. Kohle B. Ball C. Geräusch D. Gefälle
Hinweis: die Verlockung ist groß, eine Verbindung zwischen den Synonymen zu suchen, weil sowohl Wurf wie Feuer Kraft bedeuten. Keine der Antworten ist jedoch ein Synonym zu Gewehr, und somit müssen wir weiter suchen. Bei näherer Überlegung werden Sie eine Verbindung zwischen dem zweiten und dem vierten Wort feststellen: feuern ist eine Handlung, die mit einem Gewehr gemacht wird. Das gleiche gilt für werfen: diese Handlung wird mit einem Ball gemacht.

8. Gegenstand in Bezug zu einer Handlung

Verstauchung : ... = Stich : jucken
A. Knöchel B. Verband C. drehen D. anschwellen
Hinweis: bei dieser Analogie müssen Sie herausfinden, wann die angeführten Wörter als Substantiv oder als Verb gebraucht werden. Sie sehen, daß Verstauchung und Stich Substantive sind und jucken ein Verb ist. Damit wird die Verbindung des Bezuges Gegenstand : Handlung sichtbar, und das Verb «anschwellen» wird die richtige Antwort sein.

9. Geographie

Paraguay : Bolivien = Schweiz : ...
A. Afghanistan B. Deutschland C. Tschechoslowakei D. Jugoslawien
Hinweis: Paraguay, Bolivien und die Schweiz sind umschlossene Länder wie auch Afghanistan und die Tschechoslowakei. Paraguay und Bolivien sind umschlossene Länder in Südamerika, die Schweiz und die Tschechoslowakei in Europa, Afghanistan liegt in Asien.

10. Assoziationen

Mozart : Musik = Le Corbusier : ...
Hinweis: Der österreichische Komponist Mozart war Musiker; Le Corbusier war Architekt.

11. Zeitfolgen

Seile : Dampf = Propeller : ...
A. Flugzeug B. Motor C. Strahltriebwerk D. Flügel
Hinweis: Schiffe wurden zuerst mit Seilen und dann durch Dampf bewegt. Bei Flugzeugen gibt es einen vergleichbaren Vorgang. Erst wurden sie durch einen Propeller, später durch ein Strahltriebwerk angetrieben.

12. Beschreibungen

... : durchdringend = Geheul : kläglich
A. Schrei B. Ohr C. schrill D. Vokal
Hinweis: Geheul kann man als kläglich bezeichnen, was auch schmerzlich bedeutet. Ein Schrei, der als durchdringend beschrieben wird, kann laut und schrill sein.

13. Abstufungen

Warm : heiß = schlau : ...
A. dunkel B. interessiert C. genial D. gescheit
Hinweis: warm ist eine Abstufung von heiß. Schlau ist eine niedrigere Form der Intelligenz als genial. Denken Sie daran, daß die Verbindung in den Relationen dieser Analogie auf beiden Seiten gleich sein muß.

14. Maßeinheiten

Tachometer : ... = Uhr : Zeit
A. Geschwindigkeit B. Abstand C. Druck D. Temperatur
Hinweis: Eine Uhr mißt die Zeit, ein Tachometer den zurückgelegten Weg.

15. Grammatik

brach : gebrochen = ... : geflogen
A. fliehen B. Flucht C. flog D. fliegen
Hinweis: Brach und gebrochen sind Imperfekt und Perfekt des Verbs brechen; entsprechend sind flog und geflogen Imperfekt und Perfekt des Verbs fliegen.

16. Mensch im Verhältnis zum Werkzeug

Arzt : ... = Versicherungsmathematiker : Statistik
A. Krankenhaus B. Patient C. Chirurg D. Röntgenbilder
Hinweis: Ein Versicherungsmathematiker benutzt die Statistik sozusagen als Werkzeug/Arbeitshilfsmittel zur Berechnung von Versicherungsprämien. Ein Arzt braucht Röntgenbilder als Hilfsmittel zur Diagnostik.

17. Nichtsemantische Analogien

Wahl : Skandal = Gemahl : ...
A. Versuchung B. Dorf C. Zahl D. Schaufel
Hinweis: Bei diesem Beispiel geht es um die Aussprache und den Reim, Zahl ist die richtige Antwort.

Post : Stop = Regen : ...
A. Nagel B. Brief C. Auto D. Neger
Hinweis: Dieses Beispiel kommt sehr oft vor. Es geht dabei um Wörter, deren Buchstaben von hinten nach vorn gelesen das gleiche bedeuten wie das in Beziehung dazu gesetzte Wort. Post und Stop bestehen aus den gleichen Buchstaben, nur in umgekehrter Reihenfolge. Neger ist somit die richtige Antwort.

Nichtverbale Analogien

Hierbei geht es um Übereinstimmungen, die in Zahlen oder geometrischen Figuren ausgedrückt werden sollen. Wir geben zwei Beispiele:

B. 1): Numerische Analogien

12½ Prozent : ... = 16⅔ Prozent : ⅙ Prozent
A. ¼
B. ⅕
C. ⅛
D. ⅓

Bei dieser Rechenaufgabe sehen Sie die Übereinstimmung. Prozente sind erklärtermaßen Bruchteile, deren Nenner immer 100 ist. Somit sind 12½ Prozent ebensoviel wie 12½ geteilt durch 100, was einem Achtel entspricht. Auf die gleiche Art berechnet sind 16⅔ geteilt durch 100 = ⅙.

Dieses Beispiel ist harmlos, der Test selbst kann aber sehr schwierig sein.

B. 2): Geometrische Analogien

Hierbei ist es gut, wenn man über räumliches Denken verfügt. Wir geben Ihnen zwei Beispiele:

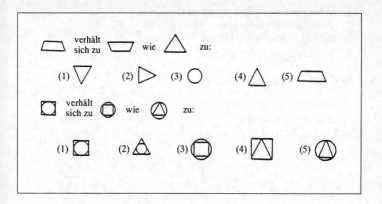

Doppelte Analogien

Bei diesem Test müssen Sie zwei Antworten geben. Die erste suchen Sie aus der oberen Reihe mit Zahlen aus, die zweite Antwort aus der unteren Reihe, die mit Buchstaben versehen ist.
... steht zu «Wissen» wie «Training» zu ...
1. Studium 2. Weisheit 3. Schule 4. Versuch 5. Unkenntnis
A. Schulung B. Freund C. Übung D. Fähigkeit E. Transpiration

Hinweis: Bei dieser Aufgabe müssen Sie in zwei Stufen vorgehen. Als erstes soll die Übereinstimmung klarwerden. Bei der ersten Reihe fallen die Antworten vier und fünf gleich weg. Die ersten drei sind alle möglich, weil sowohl Studium als auch Weisheit und Schule in einem Zusammenhang stehen mit Wissen. Es geht hier aber darum, die ausgeprägteste Verbindung zu finden; das wäre Studium. Sie sind nun bei der zweiten Stufe angelangt: ein Studium verhilft zu Wissen, Training zu Fähigkeiten.

Die wichtigsten Analogientests

Analogien können Sie bei den folgenden Tests vorfinden, entweder als Teil eines Tests, oder der ganze Test besteht daraus:

1. Differentialer Veranlagungstest (DAT)
2. Verbaler Veranlagungstest (VAT)
3. Miller-Analogientest (MAT)
4. Scholastic aptitude test (SAT)

Wir wollen sie kurz besprechen:

Zu Punkt 1: Differentialer Veranlagungstest (DAT)

Dieser Test, der in den Vereinigten Staaten entwickelt wurde, ist ein Mittelding zwischen einem Intelligenztest und einem Schulaufnahmetest. Er besteht aus acht Untertests, für die man fast einen ganzen Tag benötigt. Fachleute behaupten, daß ein guter Analogietest das zuverlässigste Mittel sei, um die Intelligenz zu erfassen: Ihr Intelligenzniveau wird auf eine etwas andere Art als beim klassischen IQ-Test ermittelt.

Die DAT-Analogien sind gleichartig wie die anderer Tests. Wir geben später in diesem Kapitel einige Beispiele.

Zu Punkt 2: Verbaler Veranlagungstest (VAT)

Bei diesem Test gibt es neben den Analogien noch zwei Untertests: Wortschatz und Funktion von Wörtern, worauf wir aber hier nicht weiter eingehen wollen.

Der Analogieteil besteht aus 40 Aufgaben. Dazu haben Sie 40 Minuten Zeit. Bevor Sie anfangen, bekommen Sie drei Probeaufgaben. Dieser Test wird sowohl in der Gruppe als auch einzeln abgenommen. Er ist insofern schwierig, weil Sie jeweils zwei Wörter in die gepunktete Linie einsetzen müssen. Nachstehend ein paar Beispiele dazu:

... verhält sich zu Liebe wie Feindschaft zu ...
1. Kuß 2. Feind 3. Hochzeit 4. Haß 5. Geliebte
A. Verbündeter B. Recht C. Krach D. Liebeskummer E. Freundschaft
Die richtigen Antworten dazu lauten «Haß» aus der oberen Reihe und «Freundschaft» aus der unteren Reihe.

... verhält sich zu Zeitabschnitt wie Punkt zu ...
1. Quartal 2. Augenblick 3. flach 4. spitz 5. Woche
A. Linie B. Komma C. Kalender D. Arbeit E. Tüpfel
Die richtigen Antworten sind «Augenblick» aus der oberen Reihe und «Linie» aus der unteren Reihe.

... verhält sich zu sehen wie hören zu ...
1. Fernsehen 2. schauen 3. Auge 4. Brille 5. starren
A. Ohr B. horchen C. Radio D. Taubheit E. Kurzsichtigkeit
Die richtigen Antworten lauten «schauen» und «horchen».

Zu Punkt 3: Miller-Analogientest (MAT)

Dieser Test wird oft bei der Zulassungsprüfung für amerikanische Business-schools und Universitäten eingesetzt (siehe Kapitel 12). Er bleibt sich immer gleich (wie die zuvor beschriebenen Tests), im Gegensatz zum anschließend erwähnten SAT-Test, der jährlich geändert wird. Wir verweisen dabei auf unsere Anmerkungen zu den Prinzipien von Analogientests.

Zu Punkt 4: Scholastic aptitude test (SAT)

Dieser Test wird bei Zulassungsprüfungen für Universitäten eingesetzt. Er besteht aus verschiedenen Untertests; davon ist einer der verbale Analogientest (siehe Kapitel 11).

Die Grundsätze der Analogientests

Es gibt 17 verschiedene Arten verbaler Analogientests. Bevor Sie sich an die Arbeit machen, sollten Sie wissen, um welchen Test es sich genau handelt. Der erste Schritt besteht darin, eine Verbindung zwischen zwei der drei vorgeschlagenen Begriffe zu finden. Es kann ein Zusammenhang zwischen den zwei Begriffen links des Verhältniszeichens oder rechts davon bestehen, also A steht zu B wie C zu D. Es besteht aber auch die Möglichkeit, daß die Verbindung über Kreuz geht: A verhält sich zu C wie B zu D. Geben Sie bei einer Analogieaufgabe nie auf, bevor Sie nicht diese beiden Möglichkeiten erwogen haben!

Um das Ganze etwas zu vereinfachen, gibt es zwei Wege. Beide machen die Verbindung zwischen den Begriffen klar. Bei der ersten Methode gebrauchen Sie Sätze, bei der zweiten Kategorien.

Bei der Satztechnik bilden Sie einen kurzen logischen Satz aus den Begriffen, die Ihnen richtig erscheinen. Sie werden feststellen, daß dadurch eine Verbindung entsteht, die sinngemäß parallel mit den vorgegebenen Wörtern läuft.

Als Beispiel:
Theaterstück : Publikum = Buch : ...
A. Autor B. Herausgeber C. Komplott D. Leser

1. Schritt: Sie bilden einen kurzen Satz, in dem die ersten beiden Begriffe vorkommen: «Ein Theaterstück ist dazu da, um das Publikum zu unterhalten.»

2. Schritt: Bilden Sie den gleichen Satz mit dem dritten Wort. Dadurch, daß Sie jede der vorgegebenen Antwortmöglichkeiten anstelle des gesuchten vierten Wortes einsetzen, können Sie feststellen, inwieweit ein Zusammenhang zwischen den Begriffen besteht.

- A. «Ein Buch ist dazu da, um den Autor zu unterhalten.» (Das kann vielleicht vorkommen, ist aber nicht der Sinn der Sache.)
- B. «Ein Buch ist dazu da, den Herausgeber zu unterhalten.» (Der Wert eines solchen Buches ist sicherlich auch ziemlich fragwürdig.)
- C. «Ein Buch ist dazu da, um ein Komplott zu unterhalten.» (Unsinn, völlig unlogisch.)
- D. «Ein Buch ist dazu da, den Leser zu unterhalten.» (Dieser Satz stimmt. Er macht Sinn, und das richtige Wort ist somit «Leser».)

Bei der Kategorientechnik machen Sie eine Aufstellung von übereinstimmenden Verbindungen zwischen den Begriffen. Sie soll möglichst kurz und leicht verständlich sein.

Syllogismentests

Das Wort Syllogismus stammt aus dem Griechischen. «Sun» bedeutet zusammen und «logos» die Rede, und das Ganze für «eine Behauptung, die aus jeweils zwei Annahmen zusammengesetzt ist». Sie sollen daraus eine logische Schlußfolgerung ziehen, indem Sie beide Annahmen berücksichtigen. Tun Sie das nicht, dann werden Sie feststellen, daß Ihre Schlußfolgerung identisch ist mit einer der Annahmen, Sie haben dann die zur Verfügung stehenden Informationen nicht genügend ausgeschöpft.

So wie die Analogientests sind auch die Syllogismentests dazu gedacht, Ihr logisches Denkvermögen zu prüfen. Wie gut können Sie die gegebenen Informationen kombinieren, um zu einer klaren Schlußfolgerung zu gelangen? Dabei soll es Sie nicht stören, daß bei diesen Annahmen manchmal blanker Unsinn behauptet wird (alle Frauen sind grün). Sie müssen präzise vorgehen, weil es darum geht, Ihre Aussage eindeutig zu formulieren (sind «alle» Frauen grün oder nur manche?).

Wir geben ein Beispiel aus einem Test, der zwar noch nicht veröffentlicht wurde, aber häufig eingesetzt wird. Sein Hinweis lautet: Jede Aufgabe dieses Tests besteht aus zwei Behauptungen. Suchen Sie die Schlußfolgerung, die rein logisch gesehen aus der Verbindung beider Behauptungen gezogen werden kann. Umkreisen Sie dazu einen der Buchstaben A, B, C oder D.

Kein Vogel ist ein Insekt.
Alle Schwalben sind Vögel.
Also:
A. Keine Schwalbe ist ein Insekt.
B. Manche Vögel sind keine Schwalben.
C. Alle Vögel sind Schwalben.
D. Kein Insekt ist ein Vogel.

Die richtige Antwort lautet A, denn Vögel sind keine Insekten, und alle Schwalben gehören unter die Rubrik Vögel.

Wir geben noch ein paar schwierige Beispiele. Die Antworten finden Sie am Ende dieses Abschnittes:

1. Alle Vertreter sind Repräsentanten.
Kein Repräsentant ist ein Geschäftsinhaber.
Also:
A. Kein Geschäftsinhaber ist ein Vertreter,
B. Manche Geschäftsinhaber sind keine Repräsentanten.
C. Manche Repräsentanten sind Vertreter.
D. Kein Geschäftsinhaber ist Repräsentant.

2. Alle Primaten sind Affen.
Kein Affe ist ein Schimpanse.
Also:
A. Manche Affen sind Primaten.
B. Kein Schimpanse ist ein Primat.
C. Manche Primaten sind keine Schimpansen.
D. Manche Schimpansen sind keine Affen.

3. Kein A B C D ist ein 1 2 3 4.
Manche 1 2 3 4 sind e f g h.
Also:
A. Machen A B C D sind e f g h.
B. Manche e f g h sind keine A B C D.
C. Manche e f g h sind keine 1 2 3 4.
D. Manche 1 2 3 4 sind keine A B C D.

4. Alle Bürger sind grün.
Kein Stein ist grün.
Also:
A. Manche Bürger sind Steine.
B. Alle Steine sind nicht-grüne Bürger.
C. Kein Stein ist ein Bürger.
D. Manche grüne Dinge sind keine Steine.

Bei diesem Test, der aus 40 Aufgaben besteht, gibt es kein Zeitlimit, aber der Prüfer wird sich Ihre Zeit merken. Sollte nach einer Dreiviertelstunde das Ende noch nicht in Sicht sein, dann dürfte die Sache für Sie problematisch werden.

TIP

Sollten Sie einmal unsicher sein, dann raten Sie einfach. Sie werden sicherlich immer zwei der vier Antworten verwerfen können. Ihre Chance steht also 50:50.

Bevor Sie aber zuviel riskieren, sollten Sie die nachstehenden drei Regeln im Auge behalten:

1. Wenn beide Behauptungen mit «alle» oder «keine» beginnen, beginnt die korrekte Schlußfolgerung ebenfalls mit «alle» oder «keine».
2. Wenn eine der Behauptungen mit «manche» beginnt, dann beginnt die Schlußfolgerung immer mit «manche».
3. Die Verbindung, die beiden Behauptungen gemeinsam ist, steht nicht in der Schlußfolgerung.

Mit diesen drei goldenen Regeln werden Sie viele Syllogismen lösen können, ohne sie deswegen richtig verstehen zu müssen. Versuchen Sie aber trotzdem erst, wie weit Sie mit normalem logischem Denken und Argumentieren kommen.

> Die richtigen Antworten zu den vier Syllogismen lauten:
> 1 = A 2 = B 3 = B 4 = C

Übereinstimmungen

Diese Art von Test hat eine gewisse Ähnlichkeit mit den Analogien- und Syllogismentests. Der Bewerber hat zehn Minuten Zeit, um zwölf vorgegebene Begriffe miteinander in Zusammenhang zu bringen. Wir zeigen Ihnen erst einen Teil des Hinweises und danach einige Beispiele:

«Ihre Aufgabe besteht darin, jeweils Übereinstimmungen zwischen zwei vorgegebenen Begriffen zu finden und auszudrücken. Versuchen Sie, Gemeinsamkeiten zu entdecken, die tatsächlich eine Ergänzung zueinander sind.»

Beispiel: Was haben eine Orange und ein Apfel gemeinsam?

Tatsache A: Beides sind Früchte.

Richtige Antworten, die ebenfalls in Frage kommen: B. Sie sind eßbar. C. Sie sind rund. D. Sie haben Kerne. E. Sie wachsen an Bäumen. F. Sie sind süß/sauer im Geschmack. Eine unpassende Antwort wäre: «Sie haben beide ein Gewicht», da kaum etwas kein Gewicht hat.

Zwei Beispiele aus diesem Test:

Radio ... Zeitung	Laufjunge ... Lasttier
A. Beide sind Kommunikationsmittel.	A. Beide tragen Gegenstände.
B.	B. ....
C.	C. ....
D.	D. ....
E.	E. ....
F.	F. ....

Kapitel 8:
Allgemeine Vorbereitungen auf den Prüfungstag

Einleitung

In einem früheren Kapitel haben wir bereits darauf hingewiesen, daß Ihre Resultate sich verbessern, je öfter Sie sich testen lassen. Ihre Intelligenz ist dabei natürlich unverändert geblieben – nur das Prüfungsresultat wird besser durch allmähliches Erfassen und Kennenlernen der Tests und selbstverständlich durch Übung. Daher ist eine gute Vorbereitung sehr wichtig, denn am Prüfungstag sollen Sie eine Glanzleistung bringen, denn eine zweite Chance werden Sie kaum bekommen.

Sollten Sie übrigens einen positiven Bescheid des Unternehmensberaters erhalten, heißt das noch lange nicht, daß Sie automatisch die Stelle bekommen. Der Prüfungsbericht an den Arbeitgeber ist eine Empfehlung, der dieser folgen kann oder nicht.

Versuchen Sie in Erfahrung zu bringen, welche Hinweise der Arbeitgeber dem Personalberater über Sie hat zukommen lassen und wofür genau Sie getestet werden sollen. Es kann nämlich vorkommen, daß die Ansprüche höher sind, als Ihnen bekannt ist; Sie müssen somit an Ihrem Prüfungstag eine höhere Leistung erbringen, als man Ihnen gesagt hat.

Einige Fragen zur Vorbereitung

Wir möchten nun vier Fragen behandeln, die immer wieder gestellt werden.

1. «Kann der Testpsychologe meine Gedanken lesen?»
   Viele Menschen glauben das heute noch. Der Testpsychologe ist ein Mensch wie jeder andere auch, der angewiesen ist auf subjektive Eindrücke. Es geht eigentlich nur darum, wie gut seine Menschenkenntnis ist.
2. «Kann durch einen psychologischen Test festgestellt werden, ob man die Wahrheit spricht?»
   Es gibt psychologische Tests, die messen können, ob der Bewerber in seinen Antworten bei diesem speziellen Test gleichbleibend ist. Das bedeutet, daß der Kandidat sehr genau darauf achten soll, immer die gleiche Art von Antworten zu geben. Andernfalls könnte man ihm Unaufrichtigkeit vorwerfen. Es geht also darum, sich gut vorzuberei-

ten und logisch zu denken. Beim persönlichen Gespräch wird der Testpsychologe ebenfalls in Erfahrung zu bringen suchen, ob Sie die Wahrheit sprechen (wir kommen später noch darauf zurück).
3. «Wie bereite ich mich am besten auf diesen Tag vor?»
Die beste Methode besteht aus einem individuellen, gezielten Training. Es ist immer gut, sich ein Buch über psychologische Tests vorzunehmen und Rechenaufgaben und Analogien zu üben. Das wichtigste ist aber, daß Sie sich vorher geistig darauf einstellen und Ihre ganze Konzentration auf Ihr Vorhaben richten.
Sie können auch an einem Test teilnehmen, ohne die damit verbundene Stelle wirklich anzustreben; das ist immer eine gute Übung. Betrachten Sie die Sache als neue Erfahrung, und bewerben Sie sich für eine Position, für die man sich testen lassen muß. Sollte Ihnen dabei eine neue Stelle in den Schoß fallen, dann ist das vielleicht eine nicht unangenehme Nebenerscheinung. Um Ihre ursprünglichen Absichten weiß ja keiner.
4. «Kann ein Personalberater feststellen, ob ich ein Testtrainingsprogramm absolviert habe oder Bücher über dieses Thema gelesen habe?»

Nein, das ist ausgeschlossen. Sollten Sie ausdrücklich danach gefragt werden, dann würden wir empfehlen zu sagen, daß Ihnen über Testtraining nichts bekannt ist und die Vorbereitungslektüre nicht erwähnen («Was verstehen Sie unter Testtraining? Welche Bücher meinen Sie?»). Der Prüfer soll nicht auf falsche Ideen gebracht werden. Sie wissen nicht, wie Ihre Antworten gewertet werden – positiv wahrscheinlich kaum.

Sieben Hinweise zur allgemeinen Vorbereitung

Einige davon werden Ihnen vielleicht bekannt vorkommen, andere werden Ihnen den Testvorgang möglicherweise in einem anderen Licht erscheinen lassen.

Vor einigen Jahren gab es in Amerika einen Bestseller «Looking out for number one». Das dürfte am Prüfungstag auf Sie zutreffen, an dem über Ihre Zukunft entschieden wird. Vergessen Sie nicht, daß Ihnen der Erfolg nicht in den Schoß fällt und daß Sie sich um gutes Gelingen bemühen müssen.

1. Sie wissen, daß Sie bei jedem Test durchfallen können. Sollten Sie einer von vier Bewerbern sein, dann ist statistisch gesehen die Chance groß (nämlich 75 Prozent), daß man Ihnen später sagen wird: «Die Wahl ist leider nicht auf Sie gefallen.» Unser erster Ratschlag lautet somit: Lassen Sie sich nicht testen, wenn Sie es irgendwie vermeiden können. Gehen Sie kein Risiko ein!
2. Bestimmen Sie die Zeit, wann Sie getestet werden möchten. Die Einladung der Personalverantwortlichen hat oft Ähnlichkeit mit einem Überfallkommando: Sie sollen kurzfristig zu einem Zeitpunkt erscheinen, der wohl dem Prüfer genehm ist; das soll aber nicht heißen, daß Sie damit einverstanden sein müssen. Versuchen Sie es so einzurichten, daß die Zeit zwischen der Einladung und dem Prüfungstag genügt, um sich geistig darauf einzustellen.
Versuchen Sie, den Termin so zu legen, daß Sie ihn ohne Streß wahrnehmen können. Auch eventuelle gesundheitliche Probleme sollten Sie in Betracht ziehen. Das vorgeschlagene Testdatum ist kein Diktum, sondern lediglich ein Angebot. Wir haben die Erfahrung gemacht, daß Bewerber, egal für welche Position, fest davon ausgehen, daß an diesem Vorschlag nicht zu rütteln ist.
Selbstverständlich kann ein Prüfungstermin Ihrem Kalender angepaßt werden. Sollte es Unklarheiten geben, können Sie vielleicht mit Ihrem zukünftigen Arbeitgeber darüber sprechen. Versuchen Sie, eine stichhaltige Begründung für die Terminverschiebung vorzubringen. Sollte es Ihnen wirklich nicht gelingen, dann können Sie sich immer noch krank melden.
Vergessen Sie nicht: Sie bekommen nur eine einzige Chance, und die müssen Sie nutzen!
3. Am Prüfungstag wird man Ihr Verhalten beobachten. Manchmal wird es Ihnen vorher gesagt, oft geschieht es aber heimlich. Fragen Sie sich also an diesem Tag immer wieder, ob und wie Sie bespitzelt werden (noch eine besondere Warnung: bei manchen Unternehmensberatern ist auch die Empfangsdame an diesem Komplott beteiligt, indem sie Sie im Auge behält). Auf folgendes sollten Sie besonders achten:

- Arbeitsmethode: erst denken und dann handeln oder sich sofort an die Arbeit machen? Wie gehen Sie mit dem Testmaterial um? Gehen Sie ordentlich und systematisch vor? Machen Sie ein Konzept?
- Körpersprache: stimmt sie überein mit Ihren Aussagen und Ihrer Ausdrucksweise? Besteht hier kein Einklang, dann könnte man daraus ableiten, daß Sie nicht aufrichtig sind oder sich anders darstellen, als Sie in Wirklichkeit sind.

4. Ihr Äußeres spielt ebenfalls eine Rolle. Entsprechen Ihre Kleidung und Ihr Stil der Position, für die Sie sich testen lassen?
5. Versuchen Sie, sich als harmonische Einheit darzustellen, zeigen Sie sich als konsequente Persönlichkeit. Vor allem beim Persönlichkeitstest sollten Ihre Antworten untereinander folgerichtig sein. Das Bild, das Sie von sich selbst auf dem Papier geben, muß aber auch im Einklang stehen mit dem Gespräch, das Sie später mit dem Psychologen führen werden.

Die Rolle des Psychologen wird von vielen Bewerbern falsch eingeschätzt. Es ist absolut nicht notwendig, daß Sie beim persönlichen Gespräch in irgendwelche Fallen tappen müssen. Sie können auch hierfür üben: Überlegen Sie sich schwierige Fragen, die Ihnen gestellt werden könnten, machen Sie ein Rollenspiel mit Ihrem Partner, nehmen Sie das Ganze auf Band auf oder, was noch besser ist, auf Video. Beobachten Sie sich im Spiegel, und bleiben Sie kritisch. Kapitel 9 gibt zu diesem Thema nähere Auskunft. Neben verschiedenen Standardgesprächsanleitungen werden Sie dort Fragen finden, die viele Bewerber als ausgesprochen lästig und schwierig empfinden.

6. Stellen Sie sich auf diesen Tag ein, und überlegen Sie, welche kritischen und unangenehmen Fragen der Psychologe Ihnen stellen könnte. Dabei braucht es sich nicht ausschließlich um psychologische Fragen zu handeln, sondern es können auch geschäftliche Dinge zur Sprache kommen: «Sie haben eine gutbezahlte Stelle; weshalb wollen Sie wechseln?» «Woher wollen Sie wissen, ob Sie für die neue Position genügend motiviert sind?»

Man wird prüfen, ob sich Ihre mündlichen Aussagen mit Ihren schriftlichen Antworten decken. In Kapitel 9 kommen wir darauf zurück.

7. Befassen Sie sich mit dem Unternehmen und der Position, für die Sie getestet werden. Lesen Sie soviel wie möglich über den Betrieb, seine Anzeigen, seinen Geschäftsbericht, und versuchen Sie, alles Wissenswerte in Erfahrung zubringen, was Ihnen nützlich sein könnte. Sie werden sich wundern, wieviel öffentliche Information über große Unternehmen zur Verfügung steht.

Welche Information bekommt der Unternehmensberater?

Wenn richtig vorgegangen wird, muß der Arbeitgeber dem Unternehmensberater umfassendes Informationsmaterial über Organisation und Funktion seines Betriebes zur Verfügung stellen. Man kann davon ausgehen, daß Informationen über das Unternehmen, die dem Unternehmensberater bekannt sind, zur Verbesserung des Auswahlverfahrens beitragen. Folgendes sollte er wissen:

- Welche Fähigkeiten und Unterlagen muß der zukünftige Bewerber vorweisen können?

- Welche Zukunftsperspektiven soll er haben?

- Welche Aufstiegsmöglichkeiten kann man ihm bieten?

- Wie sieht das betriebliche Umfeld aus, in das der Bewerber passen muß? Welche Ansichten sollte er haben?

- Wie ist das Betriebsklima? Konservativ oder modern, bürokratisch oder unternehmerisch?

Leider kommt es öfters vor, daß der Unternehmensberater diese Informationen nicht erhält und, was schlimmer ist, sie nicht anfordert. Einen Auftrag unter diesen Umständen anzunehmen ist natürlich eine fragwürdige Angelegenheit. Manchmal werden Auskünfte absichtlich zurückgehalten, weil es innerhalb des Unternehmens vielleicht Präferenzen für einen bestimmten Kandidaten aus den eigenen Reihen gibt, dem Auswahlverfahren aber Genüge getan werden muß. In solchen Fällen ist dann die Auswahl meist schon beschlossenen Sache, und der Unternehmensberater wird nur eingeschaltet – meist ohne vorherige Aufklärung –, um dem Ganzen durch eine neutrale Instanz einen Anstrich von Ehrlichkeit zu verleihen.

Erfahrene Testkandidaten sind nicht sehr beliebt ...

Personalberater ziehen im allgemeinen sogenannte naive Personen vor, die sich noch nie einem Test unterzogen haben und keine kritischen und lästigen Fragen stellen.

In seinem Buch «Grundlagen der Personalauswahl» sagt Professor Roe ganz klar, daß es sinnlos ist, gegen verfälschte Antworten von sogenannten schlauen Kandidaten anzugehen. Er vertritt die Auffassung, daß es nahezu unmöglich ist, unaufrichtige Antworten bei Persönlichkeitstests zu erkennen. Die Möglichkeit, Tests für Bewerber undurchschaubar zu machen, lehnt er aus ethischen Gründen ab. Wahrscheinlich haben Sie bei der Lektüre des vorliegenden Buches schon mehrmals festgestellt, wie leicht manche Tests zu durchschauen sind.

Professor Roe schlägt vor, daß die Anweisungen dem Bewerber angepaßt werden könnten. Abgesehen von der Aufforderung an den Kandidaten, so aufrichtig und unbefangen wie möglich vorzugehen, könnte man an eine Erklärung denken, die besagt, daß Fälschungen dem Wert des Tests Abbruch tun und zu einer falschen Bewertung führen können. Eine solche Erklärung ist natürlich keine feine Art und außerdem falsch. Der Bewerber sollte sich vor dieser Falle hüten. Ein weiterer Vorschlag von Professor Roe: die Normen später dem Kandidaten anzupassen, jedoch nur für den Fall, daß die Personalverantwortlichen das Gefühl haben, daß der Bewerber in seinen Antworten nicht aufrichtig war. Hierbei stellt sich natürlich wieder die Frage nach der Subjektivität des testenden Psychologen.

TIPS

1. Machen Sie sich darauf gefaßt, daß man Sie am Prüfungstag beim persönlichen Gespräch vielleicht ganz nebenbei plötzlich folgendes fragt: «Ich kann Sie nicht richtig einordnen. Haben Sie schon einmal ein Testtraining gemacht oder Bücher über psychologische Tests gelesen?» Nochmals: Ihre Verneinung kann nicht kontrolliert werden – bleiben Sie deshalb gelassen.
2. Sollte Sie der Psychologe fragen, ob Sie schon einmal einen Berufswahltest gemacht haben, dann verneinen Sie das bitte. Auswahl und Berufsauswahl liegen dicht beieinander, und die Überschneidung der angewandten Tests ist groß. Ohne Ihre Aussage kann der Psychologe niemals in Erfahrung bringen, ob Sie sich schon einmal haben testen lassen.

Wofür genau werden Sie getestet?

Wahrscheinlich glauben Sie es zu wissen, aber manchmal werden Sie für etwas ganz anderes getestet. Wir geben drei Beispiele:

1. Eine der großen europäischen Luftfahrtgesellschaften wählt ihre Piloten nicht nur nach ihren Flugfähigkeiten aus, sondern prüft auch ihr Potential als Flugkapitän, was bedeutet, daß sie über gewisse Managerqualitäten verfügen müssen. Unter anderem sollten sie gut mit Menschen umgehen können, zum Beispiel in Krisensituationen an Bord. Einer der Ausbilder hat es so formuliert:
«Bei Problemen sagte der Flugkapitän früher: ‚Ich fliege, und der Rest hält den Mund'; mit dem Erfolg, daß er nach kurzer Zeit überall aneckte. Nachdem man feststellen mußte, daß das nicht die richtige Methode ist, überläßt der Kapitän heute das Fliegen jemand anders und versucht, anstehende Probleme zu lösen.»
Welche Informationen benötigt ein Kapitän dazu? Woher bekommt er sie, und wieviel Zeit bleibt ihm dafür? Das nennt man «resources management.» Abstimmung mit dem Kopiloten ist wesentlich, aber in einer Notsituation zählt nur autoritäre Führung.

Der arglose Pilot wird demnach bei erhöhten Anforderungen eine andere Leistung erbringen müssen, als er vermutet hat. Ein anderes Beispiel: Bei IBM werden die Bewerber in der Regel für eine höhere Position ausgesucht als dafür, worauf sie sich beworben haben. Die Fähigkeiten des Bewerbers werden hierbei nicht durch Tests oder ACs ermittelt, sondern durch viele intensive Interviews.

2. Der Verkäufer eines Konzerns, der bisher Fabrikanlagen in arabische Länder verkauft hat, möchte sich verbessern. Er bewirbt sich um die Stelle eines Handelsdirektors eines mittelgroßen Unternehmens, das an der Börse geführt wird. Ihm ist bekannt, daß er mit dieser Position Mitglied im Managementausschuß wird und kann sich dementsprechend vorbereiten. Was er jedoch nicht weiß, ist, daß diese Stelle die des zweiten Mannes in der Firma bedeutet. Dazu kommt, daß der Firmenchef innerhalb der nächsten drei Jahre zurücktreten möchte und der Handelsdirektor (wer immer das dann sein möge) sein Nachfolger werden soll. Das bedeutet, daß der Verkäufer über weitere Qualifikationen verfügen muß als die, die ihn zu einem guten Handelsdirektor machen würden: nämlich über unternehmerische Qualitäten; er muß in der Lage sein, völlig neue Aktivitäten in die Wege zu leiten, die berüchtigten Marktlücken zu finden und sie zu füllen. Ferner soll er – da er zum Beispiel auch Umgang mit internationalen Spitzenbankiers pflegen muß – repräsentieren können. Verhandlungsgeschick ist ebenfalls sehr wichtig. Dazu kommt noch die Frage der Vorbildfunktion, wenn man an Personalansprachen, Tagungen, an den Umgang mit Presse und Fernsehen denkt. Somit liegen die Anforderungen weit höher, als der Bewerber zunächst vermuten kann.

3. Das letzte Beispiel betrifft einen Hausarzt, der eine Zulassung als Chirurg bekommen möchte. Bei 30 Zulassungen pro Jahr gibt es mehrere tausend Anmeldungen. Für eine Zulassung muß der zukünftige Chirurg nicht nur ein guter Operateur sein, sondern auch über Führungsqualitäten verfügen (Pflegepersonal). Der Bewerber wird also in einer Sache getestet, die er nicht gelernt hat.

Um mehr in Erfahrung zu bringen, können Sie versuchen, über den Personalberater herauszufinden, welche Informationen er über seinen Auftraggeber hat und wie gut er ihn kennt. Dieser Versuch ist allerdings etwas gefährlich, weil ein solches Vorgehen an und für sich ungewöhnlich ist. Der Unternehmensberater kann Ihnen zu verstehen geben, daß Sie das nichts angehe, und Ihnen von vornherein Minuspunkte verpassen. Es könnte aber auch sein, daß er Ihre Initiative positiv auslegt, weil Sie sich aktiv um diese Stelle bemühen und sich neugierig, engagiert und begeistert zeigen.

Wenn Sie merken, daß dem Personalberater wenig über Ihren zukünftigen Arbeitgeber bekannt ist, können Sie spontan anbieten, die fehlende Information zu beschaffen, was wirklich einer Geste gleichkäme, denn für ihn ist die Situation genauso unangenehm: Der Arbeitgeber hat seine Anforderungen nicht spezifiziert, und dadurch sind keine Normen vorgegeben. Der Qualität des Auswahlverfahrens kommt so etwas natürlich nicht zugute.

Das Persönlichkeitsprofil des Managers

Um es gleich vorwegzunehmen: den idealen Manager gibt es nicht. Jedes Unternehmen stellt andere Anforderungen an seine Führungskräfte. Die englische Firma Saville & Hodsworth hat vier Jahre gebraucht, um einen «occupational personality questionnaire» zusammenzustellen. Dieser besteht aus neun verschiedenen Fragebögen in unterschiedlichen Schwierigkeitsgraden. Damit können 29 Persönlichkeitsdimensionen von Managern festgestellt werden. Wir zeigen sie Ihnen hier:

- überzeugend (verhandelt, verkauft gerne, überzeugt durch Argumente

- Autorität ausstrahlend (übernimmt die Führung, leitet an und organisiert)

- sozial, vertrauenswürdig (geht auf die Menschen zu, kann gut reden)

- wettbewerbsfähig (spielt, um zu gewinnen, fest entschlossen zu gewinnen, schlechter Verlierer)

- leistungsmotiviert (ehrgeizig, setzt hohe Ziele, berufsorientiert)

- aktiv (verfügt über Energien, reagiert schnell, schätzt körperliche Betätigung)

- entschlußfreudig (zieht schnell Schlußfolgerungen, kann hastig sein, geht Risiken ein)

- demokratisch (ermutigt andere, einen Beitrag zu leisten, bittet andere um ihre Meinung, hört zu)

- mitfühlend (rechnet mit anderen, freundlich und tolerant)

- bescheiden (zurückhaltend, wenn es um die eigene Leistung geht, nimmt andere an)

- einsichtig (analysiert sowohl die eigenen Gedanken und eigenes Verhalten wie auch dasjenige anderer)

- extravertiert (amüsiert sich gerne, hat Humor, lebhaft, unterhaltsam)

- feinsinnig (schätzt Kultur, ist künstlerisch begabt)

- konzeptorientiert (theoretisch, intellektuelle Wißbegier)

- innovativ (bringt neue Ideen, ist einfallsreich, denkt in Lösungsbegriffen)

- traditionsgebunden (bleibt bei althergebrachten Methoden, zieht die klassische Kontaktaufnahme vor, konventionell)

- aufgeschlossen (schätzt neue Aufgaben, sucht Abwechslung, akzeptiert Veränderungen)

- planungsorientiert (bereitet sich gut vor, setzt gern Ziele)

- rational (ist gut mit Fakten, arbeitet mit Tatsachen)

- zuverlässig (hält sich an die Abmachungen, termintreu)

- unabhängig (hat eigene Vision, ist schwer zu führen)

- Details berücksichtigend (methodisch, ordentlich, präzise)

- praktisch (steht mit beiden Beinen auf der Erde, repariert gerne Dinge)

- streßresistent (ruhig, entspannt auch unter Druck, keine Ängste)

- sorgenvoll (zeigt sich besorgt, wenn Dinge schief laufen, Angst zu scheitern)

- phlegmatisch (schwer aus der Ruhe zu bringen oder zu verletzen, läßt sich nicht beleidigen)

- emotional beherrscht (hält seine Gefühle unter Kontrolle, zeigt seine Emotionen nicht)

- optimistisch (aufgeweckt, glücklich, bleibt trotz Rückschlägen zuversichtlich)

- kritisch (kann das Wesentliche erfassen, ist in der Lage, Nachteile zu erkennen und Herausforderungen anzunehmen)

Zehn Tips zur Konzentration

Am Prüfungstag sollen Sie eine Hochleistung vollbringen. Wie steht es um Ihre Konzentration?

- Überlegen Sie, ob Sie sich ruhig in aller Stille konzentrieren können oder ob Sie leicht ablenkbar sind. Letzteres kann der Fall sein, wenn Ihre Schulzeit schon länger hinter Ihnen liegt.

- Stellen Sie fest, ob Sie sich leicht durch schwierige Aufgaben verstören lassen. Geben Sie schnell auf, oder zwingen Sie sich weiterzumachen, um Ihre Arbeit zu Ende zu bringen?

- Sie sollten sich selbst gegenüber ehrlich und sicher sein, daß Sie über Ausdauer verfügen; die nachstehenden Bemerkungen treffen dann wahrscheinlich nicht auf Sie zu. Trotzdem interessiert es Sie vielleicht zu erfahren, wie man seine Konzentrationsschwierigkeiten überwindet.

Wir bieten keine Patentlösung an, sind aber der Meinung, daß man seine Konzentrationsfähigkeit durch die Beachtung ein paar einfacher Hinweise verbessern kann:

1. Konzentration = Aufmerksamkeit schenken

Wenn Sie sich auf eine einzige Sache konzentrieren, können Sie an nichts anderes denken. Das wesentliche ist, daß Sie Ihre Aufmerksamkeit auf ein Problem, eine Frage und eine Lösung richten.

2. Verschließen Sie sich vor Ablenkungen,

sowohl in Ihrem Umfeld wie auch in Ihrem Kopf.

3. Setzen Sie sich, wenn möglich, so, daß Sie so wenig wie möglich abgelenkt werden

Der beste Platz ist weder neben der Tür noch neben dem Fenster oder gegenüber einem interessanten Poster.

4. Suchen Sie sich einen gut beleuchteten Platz aus,

damit Ihre Augen nicht ermüden. Sollten Sie frieren oder ist es zu warm, bitten Sie den Assistenten um Abhilfe: auch dabei ruhig bleiben – alles andere ist schlecht für Ihre Konzentration!

5. Schalten Sie Lärmbelästigung aus

Sollte es in Ihrer Umgebung zu laut sein (Telefon, Menschen, die auf und ab gehen), dann wenden Sie sich an den Assistenten. Man muß auf Ihre Bitte eingehen, denn immerhin sind Sie der Kunde. Erledigen Sie die Sache schnell. Alles andere geht von Ihrer Zeit ab.

6. Bringen Sie Schreibgerät mit!

Halten Sie zur Sicherheit zwei Kugelschreiber in Reserve, eventuell auch einen Taschenrechner.

7. Vermeiden Sie Zeitnot!

Meistens ist auf dem Testfragebogen die zur Verfügung stehende Zeit angegeben. Sollte das nicht der Fall sein, dann fragen Sie den Assistenten. Sollte dieser die Antwort verweigern, dann erkundigen Sie sich, wie lange der Durchschnittskandidat für diesen Test benötigt. Wenn er Ihnen diese Auskunft gibt, dann wissen Sie, daß Sie schneller sein müssen. Wenn eine Aufgabe aus mehreren Abschnitten besteht, ist es immer gut, sich vorher zu überlegen, wieviel Zeit Sie für den jeweiligen Abschnitt benötigen, denn Sie verhindern dadurch, daß Sie in Zeitnot geraten, was wiederum Ihrer Konzentration zugute kommt.

8. Denken Sie nur an das Nächstliegende!

Ihre Aufgabe liegt vor Ihnen, und Sie wissen, was zu tun ist. Vielleicht gibt es ein paar Punkte, die Sie erst später im Test oder beim persönlichen Gespräch erwähnen möchten. Notieren Sie diese Punkte gleich auf einem Zettel, damit Sie unbeschwert an die Arbeit gehen können.

10. Bleiben Sie gelassen!

Natürlich hängt viel von Ihrer Leistung ab. Es kann aber nichts Schlimmeres passieren, als daß Sie diese Position nicht bekommen; wenn es Ihnen nicht gelungen ist, in die engere Auswahl zu kommen, dann haben Sie dafür eine Erfahrung gemacht, die sich beim nächsten Mal sicherlich bezahlt machen wird.

Kapitel 9:
Das persönliche Gespräch

Einleitung

Nicht nur Sie bereiten sich auf dieses wichtige Gespräch vor – auch der Prüfer macht das. Wenn er erfahren ist, wird er rasch entscheiden können, welchen Verlauf das Gespräch nehmen soll.
Er wird von Ihnen wissen wollen:

- was für ein Mensch Sie sind, und ob Sie zu Ihrem zukünftigen Arbeitgeber passen,

- was Sie bewogen hat, sich um diese Stelle zu bewerben,

- wie es um Ihre Stabilität und Ihre Streßbeständigkeit bestellt ist,

- wie gut Sie mit andern Mitarbeitern umgehen können,

- auf welchem Niveau Ihre Intelligenz liegt,

- weshalb Sie überhaupt eine neue Stelle suchen,

- wie Ihr Verhältnis zu ehemaligen Mitarbeitern, Vorgesetzten und Kollegen war (ist),

- wie Ihr Führungsstil ist,

- wie gut Sie sich selber einschätzen, was Sie zu Ihrem Wissen und Ihren Fähigkeiten sagen können, was Sie bewegt, was Sie beschäftigt.

Sie werden bemerkt haben, daß manche Fragen leicht zu beantworten sind, andere aber Kopfzerbrechen machen, weil Ihnen ihre Bedeutung nicht klar ist. Das verunsichert. Wir werden später ausführlich erklären, welche schwierigen Fragen Sie zu erwarten haben und wie Sie sie beantworten können.

Die vier Gruppen von Fragen

Sie können sich auf die folgenden vier Gruppen von Fragen einstellen:

- 1. Einleitende Fragen
- 2. Neutrale informative Fragen
- 3. Gefährliche informative Fragen
- 4. Unbequeme Fragen

An Ihnen liegt es nun, zu erkennen, aus welcher Richtung die Fragen kommen.

Zu Punkt 1: Einleitende Fragen

Hinter den einleitenden Fragen steckt meistens die Absicht, zuerst einmal das Gespräch in Gang zu bringen. Man möchte, daß Sie sich wohl fühlen, indem man eine Verbindung zu Ihnen herstellt. So bekommen beide Parteien einen ersten Eindruck voneinander, und auf dieser Grundlage können Sie die Gesprächsführung bestimmen. Man kann Sie zum Beispiel fragen, wie Ihnen der bisherige Prüfungsablauf gefallen hat. Wir empfehlen, darauf nicht allzu ausführlich, aber vielleicht mit etwas Humor zu reagieren. Bei dieser Art von Fragen haben Sie viele Möglichkeiten zu antworten, denn sie sind ziemlich offen. Es ist jetzt die Gelegenheit, Beredsamkeit zu zeigen, da diese für Führungskräfte wichtig ist.

Zu Punkt 2: Neutrale informative Fragen

Bei den neutralen, informativen Fragen geht es meistens darum, sachliche Auskünfte zu erhalten, zum Beispiel: «An welchen Seminaren haben Sie sonst noch teilgenommen?»

Zu Punkt 3: Gefährliche informative Fragen

Die gefährlichen informativen Fragen beziehen sich oft auf die Qualifikationen, die in Anzeigen aufgelistet werden, wie Initiative ergreifen, Durchsetzungsvermögen, die Fähigkeit zuzuhören und andere.

Man möchte damit sachliche Informationen erhalten. Es besteht aber auch die Möglichkeit, daß sich Ihre Auskünfte zu Ihrem Nachteil auswirken («Waren Sie schon einmal verheiratet?»). Sie müssen sich vorher gründlich überlegen, ob Sie eine solche Frage beantworten möchten, und wenn Sie es tun, kommt es sehr darauf an, wie Sie die Antwort bringen.

Zu Punkt 4: Unbequeme Fragen

Unbequeme Fragen dienen nicht unbedingt dazu, sachliche Informationen zu bekommen. Warum stellt man solche Fragen?

1. Sollten Sie die ausgeschriebene Stelle bekommen, werden Sie sich selber mit unbequemen Kunden beschäftigen müssen. Der Psychologe versucht nun festzustellen, wie Sie mit dieser Art von Fragen umgehen.
2. Der Prüfer ist vielleicht unerfahren. Er weiß nicht, welche Fragen er zu stellen hat. Es kann auch sein, daß seine Arbeitsweise nicht optimal ist.
3. Der Prüfer ist desinteressiert, aggressiv und müde, denn er hat vor Ihnen schon viele ähnliche Gespräche mit Ihren Mitbewerbern geführt.
4. Der Prüfer hat diesen Stil. Es ist seine Art, Fragen auf diese Weise zu stellen, weil er der Meinung ist, so besser an den Kandidaten heranzukommen.

Wir führen nun einige Fragen auf, die den meisten Bewerbern Schwierigkeiten bereiten:

- «Wären Sie bereit, ins Ausland zu ziehen?»

- «Weshalb glauben Sie, für diese Position besser geeignet zu sein als Ihre Konkurrenten?»

- «Sie sind 55 Jahre alt und suchen eine neue Stelle. Sind Sie nicht zu alt für eine Veränderung?»

- «Sie sind jetzt 55 Jahre alt. Möchten Sie es nicht etwas ruhiger angehen lassen?»

- «Wenn man Ihre Erfahrung und Ihre Erfolge in Betracht zieht, müßten Sie in Ihrem Alter eigentlich mehr verdienen!»

- «Weshalb sind Sie seit drei Jahren arbeitslos?»

- «Diese Stelle ist eigentlich zu einfach (zu schwierig) für Sie; finden Sie das nicht auch?»

- «Ihr Studium hat sehr lange gedauert; was war der Grund?»

- «Zeigt Ihre Laufbahn eine ansteigende Kurve?»

- «Was planen Sie langfristig? Wie stellen Sie sich Ihre Zukunft vor?»

- «Was glauben Sie, während Ihrer Karriere erreicht zu haben?»

- «Sie haben sich für diese Position beworben. Was interessiert Sie daran am meisten, was am wenigsten?»

- «Angenommen, Geld spielt für Sie keine Rolle. Welche Art von Arbeit würden Sie sich aussuchen?»

- «Was war das Unangenehmste, was Ihnen je bei Ihrer Arbeit passiert ist?»

- «Wo sehen Sie sich selbst in fünf Jahren?»

Vergessen Sie nicht, daß diesen Fragen immer noch «Nachfragen» folgen können, die dann meisten mit «warum» beginnen. Man zwingt Sie damit, tiefer in die Materie einzusteigen und Ihre Antworten zu begründen.

Das Streßinterview

Hierbei wird starker Druck auf den Bewerber ausgeübt. Der Prüfer versucht, dessen Emotionen ins Spiel zu bringen. Dies kann folgendermaßen geschehen:

- Der Psychologe ist zuerst freundlich und entspannt, wird dann aber ohne Anlaß plötzlich aggressiv, wodurch er Verwirrung stiftet und den Bewerber in die Defensive bringt. Nach diesem «Ausrutscher» kann der Psychologe wieder freundlich und entspannt das Gespräch weiterführen. Wie schnell kann der Bewerber sich auf diese Veränderungen ein- und umstellen?

- Eine andere Möglichkeit besteht darin, die Leistungen des Bewerbers herabzusetzen, seine Motivation zum Stellenwechsel zu kritisieren und bestimmte persönliche Eigenschaften zu beanstanden.

Mögliche Gesprächsthemen

Folgende Themen können zur Sprache kommen:

1. Ihre Jugend, Ihre Eltern und Ihre Erziehung

Hier interessiert den Prüfer, was Sie seit Ihrer Jugend erreicht haben. Er erhofft Hinweise auf Ihre Intelligenz, Ihre Willensstärke und Ihren Ehrgeiz. Wenn Sie zum Beispiel, um zu Ihrer heutigen Position zu gelangen, eine schwierige Jugend zu überwinden hatten, dann zeigt das, daß Sie in der Lage waren, Hürden zu nehmen, um zu gewinnen.

Der Prüfer möchte außerdem in Erfahrung bringen, ob es Ihnen leicht oder schwer fällt, über diese Zeit zu sprechen (Traumata?).

Wie ist Ihre Ausstrahlung, wenn Sie über Ihre Einstellung zu Autorität und Disziplin sprechen? Wie ist Ihr Verhältnis zu Ihren Geschwistern? Sollte Ihr heutiges Verhaltensmuster stark abweichen von früher, dann ist es normal zu fragen, woher das kommt. Den Prüfer interessiert, wie die Entwicklung vor sich gegangen ist.

- «Hatten Sie eine angenehme Jugend? Worin zeigte sich das?»
- «Was hat den stärksten Eindruck hinterlassen?»
- «Welchen Beruf hatte Ihr Vater, Ihre Mutter?»
- «Wem gleichen Sie am meisten hinsichtlich Charakterzügen und Gewohnheiten?»
- «Was machen Ihre Geschwister?»

2. Ihre Ausbildung

- «Erzählen Sie etwas über Ihre Ausbildung!»
- «Was waren in der Schule Ihre besten Fächer?»
- «Welche Fächer haben Sie am meisten interessiert? Welche am wenigsten?»
- «Was haben Sie studiert? Weshalb? Und warum gerade das?»
- «Hat Ihnen das Studentenleben zugesagt?»
- «Was haben Sie damals in Ihrer Freizeit gemacht?»
- «Wie ist die Verbindung zwischen Ihrer Ausbildung und Ihrem Beruf?»

3. Wehrdienst

Psychologen oder Arbeitgeber können grundsätzlich nichts bei Behörden über Ihre militärische Laufbahn in Erfahrung bringen. Solche Angaben sind der Öffentlichkeit nicht zugänglich. Sollte der Prüfer aus irgendwelchen Gründen wissen wollen, ob Sie Ihren Wehrdienst abgeleistet haben (möglicherweise hält er ihn für eine bedeutsame Arbeitserfahrung), dann bleibt es Ihnen überlassen, welche Auskunft Sie in diesem Moment geben wollen. Lassen Sie sich auf keinen Fall auf irgendwelche Diskussionen über das Für und Wider des Wehrdiensts ein.

Warum ist der Prüfer daran interessiert, ob Sie Ihren Wehrdienst abgeleistet haben? Für viele war es eine gute Schule; trotzdem gilt auch hier: Antworten Sie positiv, egal wie Sie selbst darüber denken.

- «Wie haben Sie auf Vorschriften und strenge Disziplin reagiert?»

- «Wie empfanden Sie den Umgang mit höheren, niedrigeren oder gleichen Rängen?»

- «Wie sind Sie Offizier geworden? Haben Sie sich darum bemüht?»

- «Weshalb wollten Sie nicht zum Offizier befördert werden?»

- «Was hat Ihnen während Ihrer Wehrdienstzeit am besten gefallen? Was am wenigsten?»

- «Welchen Einfluß hat der Wehrdienst auf Ihr weiteres Leben gehabt?»

4. Ihre bisherigen Positionen bis heute

Sie zeichnen ein positives Bild von sich. Sämtliche Arbeitserfahrungen waren von Erfolg gekrönt. Denken Sie daran, daß Sie dabei sind, sich zu verkaufen. Sprechen Sie deswegen nur über Erfahrungen, die der Prüfer nennt, und nicht über Dinge, die negativ interpretiert werden könnten.

Die Gründe für diese Bewerbung sollen ausschließlich positiver Art sein: eine große Herausforderung, die neue Branche interessiert Sie sehr, das Gehalt sagt Ihnen zu, und es wäre ein beruflicher Aufstieg für Sie. Sie sollten niemals erwähnen, daß Sie nur arbeiten, um Geld zu verdienen, oder daß Sie es leid sind, immer auf der Stelle zu treten, «daß man doch irgend etwas tun muß». Tödlich sind negative Bemerkungen über Ihren jetzigen oder frühere Arbeitgeber. Selbst wenn Sie sich unter unguten Umständen getrennt haben sollten, wäre es unklug, sich negativ zu äußern. Das Thema Entlassung sollte ohnehin vermieden werden, denn man könnte Ihnen dazu unangenehme Fragen stellen und Sie in die Defensive treiben. Die Betonung soll immer auf der neuen Stelle liegen. Auf folgende Fragen sollten Sie gefaßt sein:

- «Woraus bestanden Ihre besonderen Aufgaben und Ihre Verantwortung?»

- «Was haben Sie dort erreicht, und wofür waren Sie verantwortlich?»

- «In welcher Relation steht Ihre Leistung zu den Verdiensten Ihrer Kollegen?»

- «An wen darf ich mich wenden, um mir das bestätigen zu lassen?»

- «Was gefällt Ihnen am besten bei Ihrer Arbeit? Was am wenigsten?»

- «Haben Sie schon einmal Mitarbeitern mit Entlassung gedroht?»

- «Wie sind Sie dabei vorgegangen?»

- «Wie sehen Sie Ihren Managementstil? Beschreiben Sie ihn.»

- «Welches war das schwierigste Problem, das Ihnen bei Ihrer letzten Stelle begegnet ist? Wie haben Sie es gelöst?»

- «Haben Sie selber schon einmal Mitarbeiter eingestellt? Wie sind Sie vorgegangen?»

- «Sind Sie ein Mensch, der andere leicht motivieren kann? Worauf basiert Ihre Antwort?»

- «Was für ein Manager sind Sie? Beschreiben Sie sich selbst.»

- «Wann und wo arbeiten Sie am liebsten?»

- «Wie werden Sie von Ihren Mitarbeitern, Kollegen und Chefs beschrieben? Und woher wissen Sie das?»

- «Welche nennenswerten Neuerungen haben Sie bei Ihrer jetzigen Arbeit eingeführt?»

- «Weshalb wollen Sie trotzdem die Stelle wechseln?»

Sie müssen damit rechnen, daß bei solchen Fragen immer nachgehakt wird: «Was haben Sie genau gemacht?», «Wie sah Ihr eigener Beitrag dazu aus?»

5. Ihre Freizeitgestaltung

Der Prüfer versucht festzustellen, ob Sie sich in Ihrer Freizeit intellektuell, physisch oder künstlerisch betätigen. Ihn interessiert der Stellenwert dieser Aktivitäten: ob Sie sich in Ihr Hobby flüchten, ob die Energien, die Sie dafür aufwenden, auf Kosten Ihrer Arbeit gehen und wie die Relation zwischen Freizeitbeschäftigung und Freude an der Arbeit ist. Durch viele Freizeitunternehmungen entstehen Kontakte zu anderen Menschen, was wiederum positiv Ihrem sozialen Verhalten zuzurechnen wäre. Sollten Sie in Ihrer Freizeit einem Club vorstehen, dann wäre das zu erwähnen.

- «Was machen Sie, wenn Sie nicht arbeiten? Warum?»

- «Wieviel Zeit widmen Sie diesem Hobby?»

- «Bei welchen Clubs sind Sie Mitglied? Haben Sie dort eine leitende Funktion?»

- «Welche Fernsehprogramme interessieren Sie? Weshalb?»

- «Womit beschäftigen Sie sich abends? Was machen Sie an den Wochenenden und während des Urlaubs?»

- «Wie verbringen Sie Ihren Urlaub?»

- «Haben Sie viele Freunde oder nur wenig gute?»

6. Ihre Gesundheit

Auch wenn eine ärztliche Untersuchung vorgesehen ist, wird man Ihnen vielleicht zusätzlich ein paar Fragen zu Ihrer Gesundheit stellen, um festzustellen, ob Sie den physischen Anforderungen der neuen Position gewachsen sind und ob Sie über genügend Ausdauer verfügen.

- «Wie würden Sie Ihre Gesundheit beschreiben?»

- «Was machen Sie, um in Form zu bleiben?»

- «Ermüden Sie rasch?»

- «Standen Sie während der letzten Jahre unter starkem Druck? Aus welchen Grund? Was war vorgefallen?»

- «Trinken Sie? Sind Sie Raucher? Wieviel? Wie oft?»

7. Ihre Persönlichkeit und Ihre Philosophie

Zeichnen Sie ein positives Bild von sich selbst. Die Betonung sollte auf einer Verbindung zwischen den Aufgaben Ihrer neuen Stelle und Ihren starken Seiten liegen. Geben Sie dem Prüfer die Informationen, die zum gewünschten Resultat führen.

Wenn Sie behaupten, Sie hätten keine Schwachpunkte, dann wirken Sie unglaubwürdig, denn dann kennen Sie sich selber schlecht. Erwähnen Sie also ein paar – nehmen Sie aber solche, die eigentlich auch als positiv angesehen werden können, oder solche, die für die in Frage kommende Stelle völlig irrelevant sind.

Normalerweise wird man Sie nicht direkt nach Ihrer politischen oder religiösen Gesinnung befragen. Ihre Antworten als solche interessieren auch nicht. Man möchte nur indirekt in Erfahrung bringen, ob Sie bei Andersdenkenden über genügend Toleranz verfügen.

- «Beschreiben Sie Ihre Persönlichkeit.»

- «Was sind Ihre starken Seiten, welche Ihre Schwachpunkte?»

- «Wie ist Ihre Meinung zur derzeitigen Haltung der Gewerkschaften?»

- «Welche Änderungen müßten Ihrer Meinung nach an der Arbeitsgesetzgebung vorgenommen werden?»

- «Was ist heute für Sie das größte Inlandsproblem? Welches international?»

- «Welche Entscheidung ist Ihnen im vergangenen Jahr schwergefallen?»

- «Wie denken Sie über die Minderheiten in diesem Land?»

Überlegen Sie sich immer, ob eine dieser Fragen in Zusammenhang mit Ihrer zukünftigen Position steht. Sollte man Sie direkt zu Ihrer politischen Einstellung befragen oder wissen sollen, was Sie von der Situation in Südafrika halten, dann empfehlen wir, nicht direkt darauf zu antworten. Klären Sie erst, was hinter dieser Frage steckt, und stellen Sie dann eine Gegenfrage: «Natürlich habe ich meine eigene Meinung dazu, aber ich möchte erst gerne von Ihnen wissen, in wieweit meine Antwort für die neue Stelle von Bedeutung ist.» Gibt man Ihnen darauf eine vage, unbefriedigende Antwort, dann können Sie immer freundlich, aber bestimmt sagen, daß Sie es hier bei diesem Gespräch nicht für notwendig erachten, weiter darauf einzugehen.

8. Ihr Familienleben

Für Manager ist ein ruhiges und gefestigtes Familienleben sehr wichtig. Sie werden mit Fragen dazu rechnen müssen, wobei die Grenze zwischen Privatleben und Wissenswertem für den Prüfer nicht sehr klar ist.

Eine sogenannte Witzfrage vieler Prüfer:«Wie kommt es, daß Sie Ihre Frau/Ihren Mann/Partner noch nicht erwähnt haben? Spielt sie/er eine unbedeutende Rolle in Ihrem Leben?»

- «Seit wann sind Sie verheiratet? Ist es Ihre erste Ehe? Was geschah?»
- «Was möchten Sie mir über Ihren Partner erzählen? (Hintergrund, Familie, Ausbildung, Arbeit, Qualitäten, Interessen, Aktivitäten, Ambitionen.)»
- «Was können Sie mir über Ihre Kinder erzählen?»
- «Können Sie ihnen genügend Zeit widmen?»
- «Wie würden Sie Ihren Partner beschreiben?»
- «Würden Sie Ihre Ehe als glücklich bezeichnen? Von welchen Grundlagen gehen Sie aus?»

Auch bei diesen unangenehmen Fragen werden Sie nach etwas Übung Möglichkeiten finden, kreativ damit umzugehen.

TIP

Üben Sie in aller Ruhe die Antworten auf die obigen Fragen, sofern sie auf Ihre Situation zutreffen. Sie werden dadurch beim Vorstellungsgespräch viel selbstsicherer sein. Geben Sie niemals ungefragt Auskunft. Wenn Sie erzählen würden, daß Sie zweimal geschieden sind, könnte man Ihnen – vielleicht unfairerweise – vorwerfen, daß Sie nicht stabil seien.

Midlife-crisis

Zwischen dem 35sten und 45sten Lebensjahr leiden viele Menschen – hauptsächlich Männer – an leichten Depressionen, die mit Veränderungen des Körpers und des Geistes zusammenhängen. Die Jugend ist vorbei. Psychologen kennen diese Krise. Sollte Ihr Alter ein Problem für Sie sein, dann sprechen Sie nicht darüber, und lassen Sie sich nichts anmerken. Erwähnen Sie Ihre Erfolge, denn kein Arbeitgeber hat ein Interesse daran, einen depressiven Manager einzustellen.

Unangenehme Tricks

Manche Prüfer bedienen sich unerfreulicher Methoden. Wir nennen ein paar Beispiele, die der Amerikaner Birsner 1987 veröffentlicht hat:

1. Das Stuhlproblem

Sie sitzen auf einem Stuhl, bei dem ein Bein absichtlich verkürzt wurde. Birsners Vorschlag dazu: Sagen Sie dem Prüfer, daß mit dem Stuhl etwas nicht stimmt, und nehmen Sie sich einen andern, wenn das möglich ist. Sitzen Sie diese unangenehme Situation nicht aus!

Um diesen Trick anzuwenden, gibt es verschiedene Gründe: Wie aufmerksam sind Sie? Bringen Sie den Mut auf, etwas dazu zu sagen? Ergreifen Sie die Initiative, um sich woanders hinzusetzen, oder überlassen Sie das einem anderen?

2. Der Abstand zwischen Prüfer und Bewerber

Der Psychologe kann Sie hinter einem überladenen Schreibtisch Platz nehmen lassen, so daß Sie ihn kaum sehen können und auch kein Blickkontakt möglich ist. Oder: Sie sitzen hinten in einer Ecke des Zimmers, weit entfernt vom Prüfer, der an seinem Schreibtisch sitzt. Auch hierdurch versucht man festzustellen, ob Sie bereit sind, die Situation zu ändern. Ergreifen Sie die Initiative, oder warten Sie ab? Sie müssen Ihre Meinung verteidigen, denn es kann vorkommen, daß man Sie fragt: «Weshalb wollen Sie diese Situation verändern?» oder «Gibt es etwas, was Ihnen unangenehm ist?»

Eine weitere Frage kann sein: «Haben Sie öfters solche Probleme?» Was machen Sie dann? Das Beste ist eine Gegenfrage: «Was für Probleme, was meinen Sie damit?» Sollten Sie darauf eine Antwort erhalten, dann können Sie dem Psychologen erklären, daß Sie keinerlei Schwierigkeiten haben, aber der Meinung sind, daß eine bessere Verständigung zustande käme, wenn der Abstand nicht so groß wäre.

Achten Sie darauf, immer freundlich zu bleiben, selbst wenn Sie der Auffassung sind, daß Sie unehrlich oder frech behandelt werden: Es handelt sich um ein Spiel, bei dem es darum geht, Sie aus der Reserve zu locken. Geben Sie Ihrem Gesprächspartner keine Gelegenheit, Sie als Neurotiker abzustempeln.

3. Blendung

Man kann Sie so plazieren, daß Ihnen die Sonne in die Augen scheint. Hier gilt wieder das gleiche: Sagen Sie dem Psychologen, daß die Sonne Sie stört, und fragen Sie ihn, ob Sie sich woanders hinsetzen können. Sollte er sich Ihnen gegenüber wirklich unangenehm verhalten, dann könnten Sie folgendes sagen: «Wäre es nicht möglich, dieses Gespräch auf eine etwas angenehmere Art und Weise für uns beide weiterzuführen?» Abschließend muß hier noch gesagt werden, daß es genügend Personalberater gibt, die ein solches Gespräch ohne jegliche Tricks führen können.

Wie ehrlich sind Sie?

Sind Ihre Antworten an den Prüfer aufrichtig, oder manipulieren Sie manchmal zu Ihrem Vorteil? Wenn Sie geschickt sind, sollten Sie Ihre eigenen Leistungen schönen und sich in einem besseren Licht präsentieren, aber ohne zu übertreiben, denn das kommt nicht gut an. Der Prüfer rechnet damit, daß Sie etwas von ihm wollen und daß deshalb Ihre Handlungsweise nicht hundertprozentig ehrlich sein kann.

Es gibt Bewerber, die der Meinung sind, «daß die Wahrheit und nichts als die volle Wahrheit» die beste Strategie sei, weil der Psychologe ja doch alles merke. Es wurde bereits gesagt, daß das nicht stimmt. Der Psychologe ist kein Zauberer; er verfügt lediglich über ein paar Hilfsmittel, um festzustellen, wie ehrlich Sie sind.

Während des persönlichen Gespräches hat er dazu zwei Möglichkeiten. Er kann Sie auf verschiedene Aspekte Ihres Persönlichkeitstests ansprechen, wie «es gibt einige Punkte in Ihrem Test, die mir nicht klar sind. Sie sagen, Sie hätten nie Kopfschmerzen, wohl aber Migräne. Erklären Sie mir bitte, wie soll ich das verstehen?»

Die zweite Methode besteht darin, Sie mit einer geballten Ladung von schwierigen und unangenehmen Fragen zu überschütten. Sie können sich denken, daß dies vor allem dann nicht einfach für Sie ist, wenn sich mehrere Prüfer gleichzeitig daran beteiligen.

Zu Ihrer Beruhigung: vor einem Lügendetektor brauchen Sie sich nicht zu fürchten. Er wird bei der Personalauswahl nicht eingesetzt.

Sprache

Von einem Manager wird erwartet, daß er seine Muttersprache beherrscht. Es ist vielleicht ganz gut zu wissen, daß es Ausdrücke und Worte gibt, die man während des Gespräches mit dem Psychologen einflechten kann oder vermeiden sollte. Dasselbe gilt auch für Aufsätze und schriftliche Satzergänzungstests.

Verwenden Sie Adjektive. Versuchen Sie sich an Schachtelsätzen. Schweifen Sie nicht vom Thema ab, und bleiben Sie immer sachlich. Verwenden Sie kein Beamtendeutsch, und vermeiden Sie technische Ausdrücke und Umgangssprache. Bleiben Sie konkret, wenn es um Ihre Leistungen oder Erfahrungen geht, denn bei Unklarheiten wird der Psychologe nachhaken und Erklärungen von Ihnen verlangen. Übertreiben Sie nie. Wenden Sie möglichst viele positive Wörter und Ausdrücke an, die sich auf Aktivität und Dynamik beziehen.

Wir geben Ihnen eine Liste mit Beispielen, die nach Belieben zu ergänzen ist. Es handelt sich dabei nicht um bestimmte persönliche Eigenschaften, sondern lediglich um Hinweise:

- Gesellschaftliche Kontakte/Umgang mit Menschen: hilfreich, gut gelaunt, höflich, persönlich, offen, angenehm, sozial, sympathisch, freundlich.

- Verständnis/Einsicht zeigen, nachdenken können: analytisch, vorsichtig, nachdenklich, geduldig, intellektuell, philosophisch, logisch, unabhängig, selbständig, weitblickend.

- Loyalität: ehrlich, korrekt, zuverlässig, aufrecht, treu.

- Beherrschung: ausgeglichen, stabil, entschlossen, ruhig, gelassen, erwachsen.

- Entscheidungen treffen/Beschlüsse fassen: konstruktiv, diplomatisch, zielgerichtet, methodisch, diskussionsfreudig, stark, weitblickend, taktvoll.

- Die Fähigkeit zu überzeugen: zeigen, demonstrieren, realisieren, Reklame, Public relations, Zeitungsausschnitte, sichtbar machen, verifizieren, veröffentlichen.

- Führungseigenschaften: aktiv, wach, demokratisch, zielgerichtet, energisch, begeisterungsfähig, humorvoll, Initiativen, unternehmerisch, motivieren, ordentlich, vorausschauend, selbständig, ausschließen, entlassen (Mitarbeiter), reorganisieren, managen, überwachen.

- Mut/Ehrgeiz: strebsam, standhaft, kreativ, flexibel, beherzt, Innovation, diskussionsfreudig, Werbemaßnahmen.

- Arbeitsmethode: konsequent, zielgerichtet, ökonomisch, effizient, methodisch, Perfektion anstreben, praktisch, realistisch, systematisch, Dienstleistung, auf den Kunden eingehen, strebsam.

- Kreativität: künstlerisch und schöpferisch begabt, phantasievoll, flexibel, unternehmerisch, erfindungsreich, bedacht, entwerfen, einführen, erforschen, vorstellen, forschen, lösen.

- Erfolg: Leistungen, Ergebnisse, erreicht, allgemeine Zielsetzungen, Zustimmung, realisiert, aufgebaut, konsolidiert, unter Kontrolle gebracht, entwickelt, verdoppelt, verdienen.

- Effektivität: erweitert, verbessert, auf den Markt bringen, produzieren, verkaufen, verstärkt, gewonnen.

- Organisieren: verhandeln, handhaben, planen, delegieren, ankaufen, reduzieren, reorganisieren, einstellen, anleiten, verändern, fusionieren.

Kapitel 10:
Wie wirke ich auf andere?

Einleitung

In diesem Kapitel wird über die persönliche Ausstrahlung eines Menschen gesprochen, über verschieden Wiederholungsmethoden der Prüfung und was geschieht, wenn Sie vor einer Prüfungskommission erscheinen müssen.

Ausstrahlung ist ein Modewort, bei dem niemand genau weiß, um was es sich eigentlich handelt. In Ihrem Fall geht es darum, daß der Prüfer eine bestimmte Vorstellung von Ihnen bekommen soll.

Wollen Sie ein dynamischer Manager sein? Dann werden Sie sich auf eine bestimmte Art und Weise ausdrücken müssen, denn die Wortwahl ist wichtig. Sie werden aber auch Zeichen setzen, die nichts mit Sprache zu tun haben: Sie müssen schnell gehen, rasch auf Fragen reagieren und zeigen, daß Sie über eine schnelle Auffassungsgabe verfügen.

Möchten Sie hingegen als «graue Eminenz» beeindrucken, dann wäre eher das Gegenteil angebracht: bedächtige Antworten geben, langsames Schreiten, Schachtelsätze sprechen.

Bei diesen Beispielen handelt es sich natürlich um Stereotypen.

Die Körpersprache während des Gespräches mit dem Testpsychologen

Daß der Testpsychologe Ihnen sowohl einfache als auch schwierig zu beantwortende Fragen stellen kann, haben wir erwähnt. Gleichzeitig wird er aber auch noch sehr genau darauf achten, wie Ihr sprachlicher Ausdruck ist und welche Bewegungen Sie dabei machen, Gestik und Körpersprache werden oft auch als nichtsprachliche Kommunikation bezeichnet. Der Psychologe versucht also zu erkennen, was Ihr Körper ausdrückt.

Vielleicht werden Sie unsere Hinweise für seltsam oder überflüssig halten, aber Sie spielen mit hohem Einsatz, und richtiges Verhalten kann ausschlaggebend sein.

Händeschütteln

Es ist bei uns üblich, daß man sich zur Begrüßung und bei der Verabschiedung die Hand gibt. Sollte der Psychologe Ihnen nicht die Hand reichen, dann strecken Sie ihm Ihre hin: Sie haben damit schon zumindest einmal den primärsten Höflichkeitsregeln Genüge getan.

Von Männern erwartet man, daß sie einen festen Händedruck haben, wahrscheinlich deshalb, weil ein weicher Händedruck Assoziationen mit sanftem, weiblichem Verhalten oder Unsicherheit hervorruft. Ob das richtig ist, mag dahingestellt bleiben.

Von Frauen erwartet man einen weicheren Händedruck, wobei aber ein fester auch nicht schaden kann. Achten Sie dabei auf Ihre Ringe; manchmal kann man mit einem ungeschickten Händedruck einen anderen unabsichtlich verletzen.

Es macht keinen guten Eindruck, wenn Sie mit feuchten Händen erscheinen, denn das deutet auf Nervosität und Unsicherheit hin. Dieses sollten Sie unbedingt vermeiden, denn von einem Manager erwartet man sicheres und gewandtes Auftreten.

Blickkontakt

Es hat sich immer wieder gezeigt, daß Menschen, die sich gegenseitig auf Ehrlichkeit, Zuverlässigkeit und Vertrauen prüfen, dies hauptsächlich über den Blickkontakt versuchen.

Wenn Sie Ihr Gegenüber nicht ansehen, kann Ihnen das als Unaufrichtigkeit oder Unsicherheit ausgelegt werden. Schauen Sie Ihrem Gesprächspartner direkt in die Augen, und zwar nicht mit einem zynischen Blick oder irritiert oder gleichgültig, sondern offen und ehrlich. Im Mittelalter sprach man von offenem Visier.

Körperhaltung

Es ist anzunehmen, daß Sie nicht sehr entspannt bei Ihrem Personalberater eintreffen werden. Ihren Mitbewerbern wird es ähnlich gehen. Trotzdem müssen Sie versuchen, dem Psychologen durch Ihr Äußeres zu suggerieren, daß Sie sich wohl fühlen und entspannt sind. Wie gehen Sie am besten vor?

Sie setzen sich bequem in den angebotenen Stuhl, indem Sie sich nach hinten mit dem Rücken gegen die Stuhllehne lehnen. Männer sollten ihre Beine nebeneinanderstellen, Frauen sollten sie verschränken. Sie können Ihre Arme entweder lose hängen lassen oder Ihre Hände in den Schoß legen. Sollten Sie dem Psychologen gegenüber an seinem Schreibtisch sitzen, dann können Sie Ihre Hände auch auf die Tischplatte legen. Denken Sie aber daran, sie still zu halten. Wenn Sie anfangen, mit den Fingern zu trommeln, erweckt das den Eindruck, daß Sie sich langweilen, ungeduldig sind, das Gespräch uninteressant finden oder ganz allgemein desinteressiert sind. Ihrem Gegenüber wird das nicht verborgen bleiben.

Sie möchten natürlich den Eindruck erwecken, daß Sie begeisterungsfähig sind und sich konzentrieren und gut zuhören können. Um eine konzentrierte Haltung zu zeigen, können Sie am Schreibtisch Ihre Hand unter das Kinn legen und Ihren Kopf dem Psychologen etwas zuwenden. Beim Sprechen sollten Sie sich aber wieder nach hinten anlehnen mit Kopf und Körper.

Es wird behauptet, daß Rivalen dazu neigen, sich einander gegenüber zu setzen, während Mitstreiter es vorziehen, nebeneinander zu sitzen. Welchen Platz würden Sie sich aussuchen?

Gestik

Gestikulieren ist ein Zeichen von Dynamik und Begeisterung. Betonen Sie Ihre Gestik, wenn Sie über ein Thema sprechen, das Ihnen am Herzen liegt und von dem Sie den Psychologen überzeugen möchten. Dabei kann es sich um Ihre zukünftige Arbeit handeln, Ihre jetzige Position und, in beschränktem Maß, Ihr Hobby.

Achten Sie aber darauf, Ihre Gestik nicht zu übertreiben; Mitteleuropäer sind nun mal keine Südländer! Ferner sollten Sie Ihre Hände nicht vor der Brust oder hinter dem Rücken verschränken, weil Ihre Bewegungsfreiheit dadurch eingeschränkt ist. Außerdem sollten Sie nie die Faust ballen, denn das deutet auf Aggressionen hin.

Schließlich ist zu empfehlen, nicht am Haar herumzuspielen, sich nicht zu kratzen und nicht an den Ohrläppchen zu zupfen, denn alle diese Bewegungen sind ein Zeichen von Unsicherheit und Nervosität.

Nicken

Wenn Sie merken, daß der Psychologe öfters nickt, dann zeigt er dadurch seine Zustimmung, es sei denn, er versucht absichtlich, Sie auf die falsche Spur zu lenken.

Gesichtsausdruck

Versuchen Sie, Ihren Gesichtsausdruck zu kontrollieren. Vermeiden Sie eine Miene, die zeigt, daß Sie vielleicht unangenehm überrascht oder erschreckt sind oder etwas nicht glauben wollen. Sie können natürlich versuchen, Ihre Mimik wie ein Schauspieler gezielt einzusetzen.

Emotionaler Unterton

Es geht darum, wie man die Dinge sagt. Ist Ihre Sprechweise lebendig oder monoton? Geht daraus hervor, daß Sie an sich selbst glauben oder daß Sie vielleicht unsicher sind? Denken Sie daran: Wenn Sie selber nicht an sich glauben, wird dies auch kein anderer tun. Wenn Sie überzeugend wirken wollen, sollten Sie etwas Emotion in Ihre Stimme legen.

Was Sie vermeiden sollten

Kaugummi: Weder während des Gesprächs mit dem Prüfer noch während der schriftlichen Tests sollten Sie Kaugummi kauen; denn vergessen Sie nicht, daß Sie auch bei letzterem ständig beobachtet werden.

Rauchen: Selbst wenn der Psychologe rauchen sollte und Ihnen eine Zigarette anbietet, lehnen Sie bitte ab. Lassen Sie sich auch auf keine Diskussionen über früheres Rauchen ein. Vielleicht ist es Ihnen nach mehrmaligen Versuchen gelungen, das Rauchen aufzugeben, eine Geschichte, die Sie zweifellos gerne erzählen möchten. Sie sind jedoch gut beraten, wenn Sie das unterlassen und keine freiwilligen Informationen zu diesem Thema geben.

Langeweile: Während des Gesprächs sollten Sie sich mehrmals die Frage stellen, ob Ihr Gegenüber sich noch für Sie interessiert. Bei jedem Gespräch gibt es eine Reaktion des Gesprächspartners. Meistens reagiert man instinktiv darauf. Woran erkennen Sie sein Interesse?

1. Aus Bemerkungen und gezielten Fragen können Sie meistens ersehen, ob noch Interesse besteht.
2. Wenn der Psychologe aus dem Fenster sieht und sich intensiv mit seiner Armbanduhr beschäftigt, dann bedeutet das, daß er nicht mehr an Ihnen interessiert ist. Auch wenn er keine Reaktion zeigt, nicht fragt und nicht einmal nickt, dann ist es wohl mit seiner Aufmerksamkeit vorbei. Es kann aber auch ein Versuch sein, um Ihre reaktion zu testen. Fragen Sie ihn, er muß Ihnen antworten.

Wir möchten noch zwei Dinge erwähnen: Es ist schwierig, die Signale eines andern aufzufangen. Noch schwieriger ist es, sie richtig zu interpretieren. Das Ganze ist ein langwieriger Prozeß, der viel Übung erfordert. Wenn es Ihnen aber gelingt, dann sind Sie um eine große Erfahrung reicher.

Umgang mit Prüfungskommissionen

Sollten Sie sich für eine Spitzenposition im Management bewerben, dann ist zu erwarten, daß Sie vor einer Kommission erscheinen müssen. Diese kann aus Personalverantwortlichen, Psychologen oder Experten bestehen, die Ihren zukünftigen Kollegen kennen lernen möchten, manchmal auch aus Kollegen, Mitarbeitern und zukünftigen Chefs.

Man sollte von Verallgemeinerungen absehen und Bewerber, die vor einer Kommission erscheinen müssen, nicht in Kategorien einteilen. Im großen und ganzen kann man aber sagen, daß der Kandidat die Kommission entweder als feindliche Gruppe oder als zukünftigen Kollegenkreis sieht. Egal wie gespannt und aufgeregt Sie auch sein mögen, versuchen Sie, Ihrem Publikum freundlich und offen gegenüberzutreten. Wenn Sie das tun, werden Sie sehen, daß man Ihnen genauso entgegenkommt. Vergessen Sie nicht, daß Sie den Ton angeben und die Atmosphäre bestimmen können.

Ein paar Hinweise:

1. Versuchen Sie vorher, so viele Informationen wie möglich über die Kommissionsmitglieder zu erhalten. Das wird nicht immer ganz einfach sein, aber versuchen Sie, die Leute mit Namen anzusprechen, und vergessen Sie den Blickkontakt nicht!
2. Bedenken Sie, daß nicht jedes Kommissionsmitglied weiß, wer Sie sind. Manche sind gut vorbereitet, andere haben ihre diesbezüglichen Unterlagen vielleicht noch nicht gelesen, wieder andere improvisieren gerne und wollen vorher nicht informiert sein. Sie sollten nicht davon ausgehen, daß jeder umfassend über Sie Bescheid weiß.
3. Versuchen Sie, den Leiter der Kommission zu identifizieren und Ihre Befürworter und Gegner zu erkennen. Wichtig ist dabei, dumme Fragen oder Wiederholungen nicht zu bemängeln.
4. Sollte Ihnen eine Frage unklar sein, dann bitten Sie um Wiederholung oder um eine andere Formulierung. Wenn Sie eine Frage absolut nicht beantworten können, dann machen Sie bitte keine Ausflüchte: Sagen Sie, daß Sie aus Gründen, die Sie nennen, nicht darauf antworten können.
5. Bei der Beantwortung einer Frage müssen Sie den Fragesteller anschauen, gleichzeitig aber Blickkontakt mit den anderen Kommissionsmitgliedern aufnehmen, denn Ihre Antwort interessiert ja schließlich alle.

Wie präsentieren Sie sich am besten?

Folgende Eigenschaften kommen gut an:

- Kompetenz, Sachkenntnis, Sprachgewandtheit

- eine Botschaft auf dynamische Art und Weise vermitteln können

- gut mit Menschen umgehen können

- über Autorität verfügen

- einen gefestigten Eindruck hierlassen können
- Integrität
- allgemeine Sachkenntnis
- Zuverlässigkeit
- Erscheinungsbild/Äußeres
- Glaubwürdigkeit

Letzterer scheint immer wieder einer der wichtigsten Punkte zu sein, und wir möchten noch einmal betonen: Glaubwürdigkeit hat nichts zu tun mit Ihrem tatsächlichen Verhalten. Die Engländer sagen es kurz und bündig: «credibility is in the eyes of the beholder» – auf deutsch: Glaubwürdigkeit ist nicht eine Eigenschaft des Sprechers, sondern das, was der Zuhörer aus seinen Worten heraushört.

Enthusiasmus

Begeisterungsfähigkeit ist schwierig zu erlernen, aber mit Elan und Schwung werden Sie es leichter haben, sich durchzusetzen. Theorien, Tricks oder Kurse können wir leider nicht anbieten, wohl aber ein paar Hinweise, wie Sie beim persönlichen Gespräch vorgehen können:

1. Genau Bescheid wissen über das, was Sie vortragen wollen. Sollte Ihnen das Thema Schwierigkeiten bereiten, dann müßten Sie sich damit beschäftigen, so daß für Elan kein Platz mehr bleibt.
2. Sprechen Sie sich Mut zu. Wenn es Ihnen hilft, trinken Sie ein Gläschen Wein, um Ihre Zunge zu lösen, und bringen Sie sich damit in Stimmung.
3. Unterstreichen Sie Ihre Worte durch Gesten – zeigen Sie sich aktiv.
4. Erwähnen Sie persönliche Erfahrungen («Als ich/unsere Firma zuerst davon erfuhr, waren wir sehr skeptisch, aber nachdem wir die Sache selber ausprobiert hatten ...»).

5. Wir haben schon mehrmals betont, daß der Schlüssel zum Erfolg aus Üben, Üben und nochmals Üben besteht. Auch Begeisterungsfähigkeit läßt sich auf diese Weise erlernen.
6. Allerdings sollten Sie Ihren Schwung in Grenzen halten, sonst könnten Sie unglaubwürdig wirken.

Training

Bevor Sie einer Kommission gegenübertreten, sollten Sie Ihren Auftritt proben, entweder vor dem Spiegel, mit Hilfe einer Videokamera oder vor einem Livepublikum. Familie und Freunde eignen sich hervorragend dazu. Anhand eines Films können Sie Ihre Fehler korrigieren.

Sie können beispielsweise von einem Familienmitglied schwierige und unangenehme Fragen, die Sie vorher aufgelistet haben (siehe Kapitel 9), stellen lassen. Die Antworten haben Sie sich vorher genau überlegt. Anschließend stellen Sie sich und Ihrem Publikum folgende Fragen:

- Wo lagen meine Stärken?

- Wo lagen meine Schwächen?

- Was habe ich daraus gelernt?

- Was muß ich ändern?

Kapitel 11:
Zulassungstests
zu Managementausbildung

Einführung

In diesem Kapitel werden wir ein paar wichtige Tests aufführen, die zur Zulassung an amerikanischen Business-Schools eingesetzt werden und an denen auf europäischer Seite großes Interesse besteht.

Interessenten für eine Managerausbildung in den USA können folgende Tests erwarten:

- SAT für undergraduate studies

- GMAT (graduate management admission test) für ein MBA-Programm an einer Business-School

- Achievement test für undergraduate studies

- GRE (graduate record examination) für graduate studies

Diese Tests sind fünf Jahre lang gültig.
In den USA bestehen große Unterschiede zwischen den Zulassungsbedingungen der verschiedenen Bundesstaaten. Es kommt deshalb darauf an, wo man seinen Abschluß macht. Bei der Auswahl seiner Universität sollte man darauf achten, daß es sich um einen eingetragenen Verein handelt, der anerkannt ist: damit wird ein gewisses Niveau gewährleistet. Bei Berufsausbildungen im Ausland ist es immer wichtig, vorher festzustellen, ob das Studium zu Hause anerkannt wird.

Drei amerikanische Zulassungstests

Hierbei handelt es sich um die SAT-, GMAT- und MAT-Tests, denen sich fast jeder neue Student an einer amerikanischen Business-School unterziehen muß. Daneben gibt es noch viele andere Standardtests, zum Beispiel ACT, der vergleichbar ist mit dem SAT-Test, oder den «graduate record examination test», den LSAT für angehende Juristen und das PACE (professional and administrative career exam). Diese Test werden jährlich überarbeitet. Es würde jedoch zuweit führen, sie hier im einzelnen zu besprechen.

Der SAT-Test

SAT bedeutet «scholastic aptitude test». Es gibt übrigens in Europa bereits amerikanische Unternehmen, die von ihren zukünftigen Managern verlangen, sich dem SAT-Test als Prüfungstest zu unterziehen. Die Prüfung findet viermal jährlich statt und besteht aus sechs Teilen, die sich wiederum aus einem Fragenblock mit Zeitlimit zusammensetzen. Der Test wird in Gruppen durchgeführt. Nähere Informationen gibt Ihnen das

College Board ATP
Post Box 592
Princeton, NJ 08541, USA

Mit den verbalen und mathematischen Fragen können Sie bestenfalls auf 1600 Punkte kommen. Wir haben aus jedem Teil ein paar Fragen ausgewählt, damit Sie wissen, was auf Sie zukommt. Da Sie den Test in Englisch machen müssen, haben wir in so belassen. Die richtigen Antworten finden Sie unter «Answer Key».

Hinweise zur Beantwortung geben Ihnen:

- McDonaugh, M., & Hansen, A. J, «Practice for the SAT», Arco, New York 1985, mit einem vollständigen SAT, sämtlichen Antworten und deren Erklärung

- «How to beat the SAT», Donner, Workman Publishing, New York 1981. Hier wird besprochen, mit welchen Antworten Sie die beste Chance haben, den Test zu bestehen

- The College Board, «10 SAT's»; College Entrance Examination Board, New York 1986

Wie sich der SAT zusammensetzt, können Sie auf der folgenden Seite ersehen:

	Anzahl der Fragen	Zeit in Minuten
1. Teil: Sprache Antonyme Satzergänzungen Analogien	45	30
2. Teil: Mathematik Standard-Multiple-choice Quantitative Vergleiche	25	30
3. Teil: Standard * (schriftliches Englisch) Sprachgebrauch Grammatik	50	30
4. Teil: Sprachliche Fähigkeiten Antonyme Begriffe Satzergänzungen Analogien	40	30
5. Teil: Mathematische Fähigkeiten Standard-Multiple-choice Quantitative Vergleiche	35	30
6. Teil: Experimenteller Teil ** Verbale Fähigkeiten Mathematische Fähigkeiten Schriftliches Standard-Englisch	wechselt	30

* Hierbei handelt es sich um einen «placement test»; das Resultat zählt nicht bei der Beurteilung.
** Der experimentelle Teil zählt ebenfalls nicht. Prüfer wenden diesen Teil des Tests an, um neue Fragen, Methoden und Konzepte auszuprobieren.

1. Verbal Abilities

Antonyms

Directions: *Each of the following items contains a word in capital letters, followed by five words or phrases. Select the word or phrase most nearly opposite in meaning to the capitalized word. Mark your answer on your answer sheet.*

1. CONGREGATE: (A) assemble (B) renounce (C) disbelieve (D) scatter (E) relax
2. FLEXIBLE: (A) rigid (B) supple (C) obese (D) breakable (E) tough
3. FINITE: (A) regulated (B) ending (C) stubborn (D) limitless (E) irritated

Analogies

Directions: *Each of the following items contains a pair of words in capital letters, followed by five pairs of words. Choose the pair that best expresses a relationship similar to the one expressed by the capitalized pair. Mark your answer on your answer sheet.*

4. GOAT: UNICORN:: (A) horse: dragon (B) ram: bull (C) sheep: dog (D) mountain: milk (E) tame: wild
5. SPOOL: THREAD:: (A) bale: hay (B) peck: potatoes (C) verse: song (D) coil: rope (E) reel: line
6. RICE: WEDDING:: (A) food: groom (B) celebration: ceremony (C) wheat: meal (D) bran: cereal (E) confetti: parade

Sentence Completions

Directions: *Each of the following sentences contains one or two blank spaces to be filled in by one of the five choices listed below each sentence. Select the word or words that best complete the meaning of the sentence. Mark your answer on your answer sheet.*

7. The spring in her step greatly ____ her appearance and made her look ____.
   (A) rivetted – professional
   (B) effected – lively
   (C) affected – sprightly
   (D) favored – ambulatory
   (E) detracted – neurotic

8. The sudden death of the world-renowned leader ____ the members of his party and ____ his former opponents, despite their respectful mourning.
   (A) saddened – devastated
   (B) shocked – encouraged
   (C) depressed – tempered
   (D) satisfied – aided
   (E) prostrated – depressed
9. Despite his valor an the football field, the former athlete ____ throughout boot camp.
   (A) relaxed
   (B) quivered
   (C) hustled
   (D) sidled
   (E) embellished

Reading Comprehension

Directions: *The passage below is followed by a set of questions. Read the passage and answer the accompanying questions, basing your answers on what is stated or implied in the passage. Mark your answer on your answer sheet.*

A legendary island in the Atlantic Ocean beyond the Pillars of Hercules was first mentioned by Plato in the Timaeus. Atlantis was a fabulously beautiful and prosperous land, the seat of an empire nine thousand years before Solon. Its inhabitants overran part of Europe and Africa, Athens alone being able to defy them. Because of the impiety of its people, the island was destroyed by an earthquake and inundation. The legend may have existed before Plato and may have sprung from the concept of Homer's Elysium. The possibility that such an island once existed has caused much speculation, resulting in a theory that pre-Columbian civilizations in America were established by colonists from the lost island.

10. The title below that best expresses the ideas of this passage is
    (A) A Persistent Myth
    (B) Geography According to Plato
    (C) The First Discoverers of America
    (D) Buried Civilizations
    (E) A Labor of Hercules
11. According to the passage, we may safely conclude that the inhabitants of Atlantis
    (A) were known personally to Homer
    (B) were ruled by Plato
    (C) were a religious and superstitious people
    (D) used the name Columbus for America
    (E) left no recorded evidence of their civilization

12. According to the legend, Atlantis was destroyed because the inhabitants
    (A) failed to obtain an adequate food supply
    (B) failed to conquer Greece
    (C) failed to respect their gods
    (D) believed in Homer's Elysium
    (E) had become too prosperous

2. Mathematical Abilities

Standard Multiple Choice Questions

(1) the area of triangle ABC = $\dfrac{AC \times BD}{2}$

(2) $AB^2 = AD^2 + DB^2$

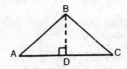

Note: The figures accompanying the problems are drawn as accurately as possible *unless* otherwise stated in specific problems. Again, unless otherwise stated, all figures lie in the same plan. All numbers used in these problems are real numbers.

1. A certain triangle has sides that are, respectively, 6 inches, 8 inches and 10 inches long. A rectangle equal in area to that of the triangle has a width of 3 inches. The perimeter of the rectangle, expressed in inches, is
   (A) 11 (B) 16 (C) 22 (D) 24 (E) 30

2. A room 27 feet by 32 feet is to be carpeted. The width of the carpet is 27 inches. The length, in yards, of the carpet needed for this floor is
   (A) 1,188 (B) 648 (C) 384 (D) 128 (E) 96

3. Given: Right > ABC with AB = 6 and AC = 7

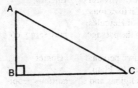

   What does BC equal?
   (A) √36 (B) √39 (C) √i (D) √78 (E) √13

Quantitative Comparisons

Directions: *For the following items compare two quantities, one in Column A and one in Column B. Mark your answer sheet.*

(A) if the quantity is greater in Column A
(B) if the quantity is greater in Column B
(C) if both quantities are equal
(D) if no comparison can be made with the information given

Notes:
(1) Information concerning one or both of the compared quantities will be centered between the two columns for some of the items.
(2) Symbols that appear in both columns represents the same thing in Column A as in Column B.
(3) Letters such as x, n and k are symbols for real numbers.
(4) Do not mark choice (E), as there are only four choices.

COLUMN A	COLUMN B

4. $2 < y < x$

   Column A: $\dfrac{120x^5y^6}{8x^3y^2}$

   Column B: $\dfrac{120x^4y^{13/2}}{6x^0y^{1/2}}$

---

5. $a > 0$
    $b > 0$
    $m > 1$

   Column A: $(m^a)^b$

   Column B: $m^a m^b$

6.

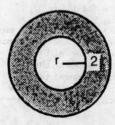

Area of smaller circle   Area of shaded portion

Test of Standard Written English

Usage Questions

Directions: *The sentences below contain errors in grammar, usage, word choice, and idiom. Parts of each sentence are underlined and lettered. Decide which underlined part contains the error and mark its letter on your answer sheet. If the sentence is correct as is stands, mark (E) on your answer sheet. No sentence contains more than one error.*

1. His recklessness and $\underset{A}{\text{drunken}}$ exuberance $\underset{A}{\text{make}}$ him a hazard $\underset{C}{\text{of}}$ himself $\underset{D}{\text{and those}}$ around him. $\underset{E}{\text{No error.}}$

2. $\underset{A}{\text{To sit}}$ through this $\underset{B}{\text{nauseating}}$ horror movie to the end requires more patience $\underset{C}{\text{than}}$ I can $\underset{D}{\text{muster.}}$ $\underset{E}{\text{No error}}$.

3. While $\underset{A}{\text{working}}$ at the garage in the evenings, $\underset{B}{\text{Bob's}}$ academic $\underset{C}{\text{standing}}$ $\underset{D}{\text{actually}}$ improved. $\underset{E}{\text{No error.}}$

Sentence Corrections

Directions: *The sentences below contain problems in grammar, sentence construction, word choice and punctuation. Part or all of each sentence is underlined. Select the lettered answer that contains the best version of the underlined section. Answer (A) always repeats the original underlined section exactly. If the sentence is correct as it stands, select (A).*

4. In addition to being able to see ultraviolet light, pigeons can hear infrasound. Ultralow frequency noise inaudible to humans.
    (A) light, pigeons can hear infrasound. Ultralow
    (B) light, pigeons can hear infrasound, ultralow
    (C) light; pigeons can hear infrasound. Ultralow
    (D) light – pigeons can hear infrasound. Ultralow
    (E) light, pigeons can hear infrasound; ultralow

5. If the marathon is to be run by you, you will have to undergo intensive training.
   (A) If the marathon is to be run by you
   (B) If the marathon is going to be run by you
   (C) If the marathon is ran by you
   (D) If you are in the running for the marathon
   (E) If you are to run the marathon
6. To indicate the fact that she was in opposition to the plan, she stopped paying her dues.
   (A) To indicate the fact that she was in opposition to
   (B) To indicate the fact of her opposition to
   (C) To show her opposition to
   (D) To indicate herself in opposition to
   (E) In indicating the fact that she was in opposition to

Answer key:

Verbal Abilities	Mathematical Abilities	Test of Standard Written English
1. D	1. C	1. C
2. A	2. D	2. E
3. D	3. E	3. A
4. A	4. B	4. B
5. E	5. D	5. E
6. E	6. D	6. C
7. C		
8. B		
9. B		
10. A		
11. E		
12. C		

Quelle: McDenough & Hansen, 1985

Der GMAT-Test

GMAT bedeutet «graduate management admissions test». Auch diese Prüfung findet viermal jährlich statt zur Zulassung an einer amerikanischen «graduate school of business».

Er besteht aus acht Teilen, für die der Kandidat jeweils eine halbe Stunde Zeit hat. Das Ganze dauert vier Stunden. Die Unterteilungen und die Anzahl der Fragen variieren ständig: jeder Abschnitt setzt sich aus 20 bis 35 Fragen zusammen.

Der Test ist folgendermaßen unterteilt: Begriffe, Problemlösungen, Fallstudien, «data sufficiency» (mathematisches Denken), «writing ability» (Kenntnisse der englischen Grammatik und des Sprachgebrauchs). Manche Themen können zweimal in einem Test erscheinen. Sie können hierbei auf 200 bis 800 Punkte kommen. Die Praxis hat erwiesen, daß die geringste Punktzahl bei 250 und die Höchstleistung bei 700 lag.

Nähere Auskünfte erhalten Sie durch:
Graduate Management Admission Test
Educational Testing Service
Post Box 6108
Princeton, NJ 08541-6103, USA

Auch für diesen Test geben wir Ihnen wieder ein paar Beispiele: die Antworten finden Sie jeweils am Ende der Aufgabe vor.

Um sich vorzubereiten, empfehlen wir folgende Lektüre:

- Jaffe, E.D., & Hilbert, S., «How to prepare for the GMAT», Barron' Educational Series, Hauppauge, 1987

- «Basic tips on the GMAT» von denselben Autoren beim gleichen Verlag

- Das «Bulletin of information» befaßt sich mit Übungen; Sie können es kostenlos bei der obigen Adresse anfordern

- Seit einigen Jahren gibt es Computerprogramme für den GMAT; sie sind ebenfalls bei der obigen Adresse erhältlich

Reading Comprehension

The Reading Comprehension section tests your ability to analyze written information and includes passages from the humanities, the social sciences, and the physical and biological sciences. The typical Reading Comprehension section consists of three or four passages with a total of 25 questions which must be completed in 30 minutes. You will be allowed to turn back to the passages when answering the questions. However, many of the questions may be based on what is implied in the passages, rather than on what is explicitly stated. Your ability to draw inferences from the material is critical to successfully completing this section. You are to select the best answer from five alternatives.

Passage and Questions

Time: 10 minutes

Political theories have, in fact, very little more to do with musical creation than electronic theories have. Both merely determine methods of distribution. The exploitation of these methods is subject to political regulation, is quite rigidly regulated in many countries. The tries. The revolutionary parties, both in Russia and elsewhere, have tried to turn composers on to supposedly revolutionary subject-matter. The net result for either art or revolution has not been very important. Neither has official fascist music accomplished much either for music or for Italy or Germany.

Political party-influence on music is just censorship anyway. Performances can be forbidden and composers disciplined for what they write, but the creative stimulus comes from elsewhere. Nothing really »inspires« an author but money or food or love.

That persons or parties subventioning musical uses should wish to to retain veto power over the works used is not at all surprising. That our political masters (or our representatives) should exercise a certain negative authority, a censorship, over the exploitation of works whose content they consider dangerous to public welfare is also in no way novel or surprising. But that such political executives should think to turn the musical profession into a college of political theorists or a bunch of hired propagandists is naive of them. Our musical civilization is older than any political party. We can deal on terms of intellectual equality with acoustical engineers, with architects, with poets, painters, and historians, even with the Roman clergy if necessary. We cannot be expected to take very seriously the inspirational dictates of persons or of groups who think they can pay us to get emotional about ideas.

They can pay us to get emotional all right. Anybody can. Nothing is so emotion-producing as money. But emotions are factual; they are not generated by ideas. On the contrary, ideas are generated by emotions; and emotions, in turn, are visceral states produced directly by facts like money and food and sexual intercourse. To have any inspirational quality there must be present facts or immediate anticipations, not pie-in-the-sky.

Now pie-in-the-sky has its virtues as a political ideal, I presume. Certainly most men want to work for an eventual common good. I simply want to make it quite clear that ideals about the common good (not to speak of mere political necessity) are not very stimulating subject-matter for music. They don't produce visceral movements the way facts do. It is notorious that musical descriptions of hell, which is something we can all imagine, are more varied and vigorous than the placid banalities that even best composers have used to describe heaven; and that all composers do better on really present matters than on either: matters like love and hatred and hunting and war and dancing around and around.

The moral of all this is that the vetoing of objective subject-matter is as far as political stimulation or censorship can go in advance. Style is personal and emotional, not political at all. And form or design, which is impersonal, is not subject to any political differences of opinion.

1. The author is making a statement defending
   I. intellectual freedom
   II. the apolitical stance of most musicians
   III. emotional honesty
   (A) I only
   (B) II only
   (C) I and II only
   (D) I and III only
   (E) I, II and III

2. The tone of the author in the passage is
   (A) exacting
   (B) pessimistic
   (C) critical
   (D) optimistic
   (E) fatalistic

3. The author's reaction to political influence on music is one of
   (A) surprise
   (B) disbelief
   (C) resignation
   (D) deference
   (E) rancor

4. According to the author, political attempts to control the subject-matter of music
   (A) will resisted by artists wherever they are made
   (B) may succeed in censoring but not in inspiring musical works
   (C) will succeed only if the eventual goal is the common good
   (D) are less effective than the indirect use of social and economic pressure
   (E) have profoundly influenced the course of modern musical history

Answers:
1. (D)   2. (C)   3. (C)   4. (B)

Writing Ability

In spite of its name, the Writing Ability part of the exam tests not writing ability but rather your understanding of the basic rules of English grammar and usage. To succeed in this section, you need a command of sentence structure including tense and mood, subject and verb agreement, proper case, parallel structure and other basics. No attempt is made to test for punctuation, spelling, or capitalization. The Writing Ability section is comprised of *Sentence Correction questions*. You will be given a sentence in which all or part of the sentence is underlined. You will be asked to choose the best phrasing of the underlined part from five alternatives. (A) will always be the original phrasing.

Questions

Since the advent of cable television, at the beginning of this decade, the video industry took a giant stride forward in this country.
(A) this decade, the video industry took
(B) this decade, the video industry had taken
(C) this decade, the video industry has taken
(D) this decade saw the video industry taking
(E) the decade that let the video industry take

Answer: (C)

Analysis of Situations

The objective of the Analysis of Situations section is to test your ability to analyze business situations and draw conclusions about them. In this section, you are asked to read a passage discussing various aspects of a business situation leading to the need for a decision. After you complete the passage, you are given questions to answer containing a number of factors relating to the passage, each of which you must evaluate as being a *Major Objective*, a *Major Factor*, a *Minor Factor*, a *Major Assumption*, or an *unimportant Issue* in the decision-making process. You are permitted to refer to the passage while answering the questions.

Passage and Questions

Early in 1953, the soft drink world began to watch an interesting experiment: the introduction of soft drinks in cans. Grocery outlets up to that time had enjoyed about one-half of all sales, but it was felt that if the new package was successful, local bottling plants might give way to great central plants, possibly operated by companies with established names in the grocery fields, with shipments being made in carload lots. Local bottlers faced a great decision. If the change were to prove permanent, they should perhaps hasten to add can-filling machines lest they lose their market. Coca-Cola, Canada Dry, White Rock, and many other bottlers experimented with the new plan. An eastern chain put out privately branded cans. A basic limitation was the cost factor of about three cents per can, whereas bottle cost was but a fraction of a cent, since a bottle averaged about twenty-four round trips. It was known, however, that at that time about one third of all beer sales were made in cans and, furthermore, that other beverages had paved the way for consumer acceptance of a canned product. Beer prices were normally from three to four times those of soft drinks.

Many leaders in the industry felt that it might well be that consumer advertising emphasizing the convenience of using a nonreturnable package might offset both habit and the extra cost to the consumer. One of the principal bottling companies undertook a large-scale market research project to find useful guides to future action.

Directions: The questions that follow relate to the preceding passage. Evaluate, in terms of the passage, each of the items given. Then select your answer from one of the following classifications, and blacken the corresponding space on the answer sheet.

(A) A MAJOR OBJECTIVE in making the decision: one of the goals sought by the decision maker

(B) A MAJOR FACTOR in making the decision: an aspect of the problem, specifically mentioned in the passage, that fundamentally affects and/or determines the decision

(C) A MINOR FACTOR in making the decision: a less important element bearing on or affecting a Major Factor, rather than a Major Objective directly
(D) A MAJOR ASSUMPTION in making the decision: a projection or supposition arrived at by the decision maker before considering the factors and alternatives
(E) AN UNIMPORTANT ISSUE in making the decision: an item lacking significant impact on, or relationship to, the decision

1. Introduction of soft drinks in cans	A	B	C	D	E
2. Results of the market research project	A	B	C	D	E
3. Cost of soft drinks in cans	A	B	C	D	E
4. Inappropriateness of cans for more than a single use prior to scrapping	A	B	C	D	E
5. Size of the beer market as compared to that for soft drinks	A	B	C	D	E
6. Power of consumer advertising to eliminate resistance to canned soft drinks	A	B	C	D	E

Answers:
1. (A)   2. (B)   3. (B)   4. (C)   5. (E)   6. (D)

Critical Reasoning

Critical reasoning questions consist of a short statement followed by a question ar assumption about the statement. Each question or assumption contains five possible answers, only one of which is correct.

The objective of this type of question is to test your ability to evaluate an assumption, inference, or argument that is presented in a short statement. Your task, therefore, is to evaluate each of the five answer choices and select the one that is the best alternative.

Question

From a letter to the editor:
'Many people are murdered by killers whose homocidal tendencies are triggered by an official execution. There was a murder rate increase of at least 66 % of executions since 1977 ... If each of the 1,788 death row prisoners were to be executed, up to 7,152 additional murders would be one of the results.'

Which of the following, if true, would weaken the above argument?
(A) The rate of murders to executions is 1 to 1,66.
(B) There is no relation between executions and murders.
(C) Executions result from higher incidence of violent crime.
(D) The death penalty will be abolished.
(E) Not all death row prisoners will be executed.

Analysis: (B) The author's assumption is that there is a relation between executions and homicides. As executions increase, so will homicides – at a given rate. Of course, if (D) occured, presumably the homicide rate, according to the author's argument, will decline. However, (B) is the strongest argument – if true – against the author's premise.

Problem Solving

The Problem Solving section of the GMAT is designed to test your ability to work with numbers. There are a variety of questions in this section dealing with the basic principles of arithmetic, algebra, and geometry. These questions may take the form of word problems or require straight calculation. In addition, questions involving the interpretation of tables and graphs may be included.

Questions

1. A train travels from Albany to Syracuse, a distance of 120 miles, at the average rate of 50 miles per hour. The train then travels back to Albany from Syracuse. The total traveling time of the train is 5 hours and 24 minutes. What was the average rate of speed of the train on the return trip to Albany?
   (A) 60 mph   (D) 50 mph
   (B) 48 mph   (E) 35 mph
   (C) 40 mph

2. A parking lot charges a flat rate of X dollars for any amount of time up to two hours, and ⅙X for each hour or fraction of an hour after the first two hours. How much does it cost to park for 5 hours and 15 minutes?
   (A) 3X   (D) 1½X
   (B) 2X   (E) 1⅙X
   (C) 1⅔X

Answers: 1. (C)   2. (C)

Data Sufficiency

This section of the GMAT is designed to test your reasoning ability. Like the Problem Solving section, it requires a basic knowledge of the principles of arithmetic, algebra, and geometry. Each Data Sufficiency question consists of a mathematical problem and two statements containing information relating to it. You must decide whether the problem can be solved by using information from: (A) the first statement alone, but not the second statement alone; (B) the second statement alone, but not the first statement alone; (C) both statements together, but neither alone; or (D) either of the statements alone. Choose (E) if the problem cannot be solved, even by using both statements together. A typical section will consist of 25 questions to be answered in 30 minutes. As in the Problem Solving section, time is of the utmost importance. Approaching Data Sufficiency problems properly will help you use this time wisely.

Questions

Directions: Each of the following problems has a question and two statements which are labeled (1) and (2). Use the data given in (1) and (2) together with other available information (such as the number of hours in a day, the definition of clockwise, mathematical facts, etc.) to decide whether the statements are sufficient to answer the question. Then choose

(A) if you can get the answer from (1) alone but not from (2) alone;
(B) if you can get the answer from (2) alone but not from (1) alone;
(C) if you can get the answer from (1) and (2) together, although neither statement by itself suffices;
(D) if statement (1) alone suffices and statement (2) alone suffices;
(E) if you cannot get the answer from statements (1) and (2) together, but need even more data.

All numbers used are real numbers. A figure given for a problem is intended to provide information consistent with that in the question, but not necessarily consistent with the additional information contained in the statements.

1. A rectangular field is 40 yards long. Find the area of the field.
   (1) A fence around the entire boundary of the field is 140 yards long.
   (2) The field is more than 20 yards wide
2. Is X a number greater than zero?

   (1) $X^2 - 1 = 0$
   (2) $X^3 + 1 = 0$

3. An industrial plant produces bottles. In 1961 the number of bottles produced by the plant was twice the number produced in 1960. How many bottles were produced altogether in the years 1960, 1961, and 1962?
(1) In 1962 the number of bottles produced was 3 times the number produced in 1960.
(2) In 1963 the number of bottles produced was one half the total produced in the years 1960, 1961, and 1962.

Answers:
1. (A)
2. (B)
3. (E)

Quelle: Jaffe & Hilbert, 1987

Der MAT-Test

Der Miller-Analogientest wird eingesetzt, um das Niveau von neuen Studenten festzustellen, bevor sie zu einer «graduate school» zugelassen werden. Er besteht ausschließlich aus Analogien.

Im Gegensatz zu vielen andern Analogientests werden hier für falsche Antworten keine Punkte abgezogen. Sie können also durchaus etwas riskieren, falls Sie die richtige Antwort nicht wissen. Der MAT ist relativ einfach: von den vier Analogieteilen fehlt nur eins.

Themen, die bei diesem Test zur Sprache kommen können, sind: Wortschatz, Sprachgebrauch, allgemeine Entwicklung, wissenschaftliche Kenntnisse. Wir verweisen in diesem Zusammenhang nochmals auf Kapitel 7.

Inhalt

Kapitel 1: Einführung 7

Kapitel 2: Die praktische und wissenschaftliche
Qualität von Managementtests 25

Kapitel 3: Welche Arten von Tests gibt es? 47

Kapitel 4: Alte Tests, die noch immer
eingesetzt werden 75

Kapitel 5: Neue Entwicklungen:
Assessment-Center und BARS 101

Kapitel 6: Tests für Verkäufer und Unternehmer 123

Kapitel 7: Analogien und Syllogismen 161

Kapitel 8: Allgemeine Vorbereitungen
auf den Prüfungstag 177

Kapitel 9: Das persönliche Gespräch 193

Kapitel 10: Wie wirke ich auf andere? 213

Kapitel 11: Zulassungstests zur Managementausbildung 223